Dr.E.Reinhardt   Zur schweizerischen Identität

Dr. E. Reinhardt

Zur schweizerischen Identität

Gedanken eines Bankiers

Verlag Paul Haupt Bern und Stuttgart

ISBN 3-258-02821-4

Inhaltsverzeichnis

Der Mensch zwischen Geist und Materie?
Der Standort des Bankiers

Ob es Materie und Geist überhaupt gibt, ob es sich dabei lediglich um zwei Seiten, zwei Erscheinungsformen ein und desselben Wesens handelt, oder ob sie Begriffe und Realitäten darstellen, die verschiedenen Welten angehören, voneinander grundverschieden sind und sich ergänzen oder ausschliessen, darüber will ich heute nicht mit Ihnen meditieren und im Sinne logischer Deduktion sogenannte allgemeingültige Schlüsse ziehen.

Der Standort des Bankiers

Ich gehe vielmehr davon aus, dass der Mensch nicht ohne Werte leben kann und dass die Wissenschaft, die zu ihrem Stolz und zu ihrer Würde wertfrei sein will, ihm diese nicht liefert. Mit *Vital Kopp* nehme ich an, dass der Mensch ahnt, dass die entscheidenden Wirklichkeiten erst dort beginnen, wo die schlüssigen Beweise enden, und dass die im Experiment überprüfbare Erfahrung die Hintergründe der Welt niemals in den Griff bekommt. So ringt jeder um eine Antwort auf die Frage nach dem Sinn des Ganzen. Auch scheint mir, dass *Wilhelm Busch* nicht so falsch liegt, wenn er meint, dass, wenn diese Welt, die wir kennen, möglich ist, auch andere möglich sind. Hinterwelten nennt er sie, die sich mit der Rückseite der greifbaren Dinge befassen. Doch kein wissenschaftlicher oder philosophischer Schlüssel passt zur Ausgangstür. Der Mensch braucht Urvertrauen, d.h. des Teilhaftigseins am Unbedingten. Auch wenn die Wissenschaft keinen Gottesbeweis hergibt, so postuliert sie doch auch nicht, wie sich der Nobelpreisträger Manfred Eigen ausdrückt, dass der Mensch eines Gottesglaubens nicht bedarf. *Sie macht Gott nicht überflüssig.*

Von diesem roh umrissenen Standort einer verborgenen Königswürde des Menschen möchte ich nun kurz meine Überlegungen zur Stellung des Bankiers zwischen Geist und Materie ansetzen.

Zunächst scheint gerade der Bankier im *Zentrum der Materie* und des Materialismus beheimatet. Sein Beruf ist ja, mit Geld, ausschliesslich mit Geld, umzugehen, die Wirtschaft durch richtiges Sammeln und Verteilen des Geldes und durch die damit zusammenhängenden Dienste zu fördern. *Geld ist ein Stoff, der starke Leidenschaften entfesselt.* Es ist in nicht nur theologischer Denkweise für viele der Inbegriff des Mammons, die teuflische Verkörperung vulgären Profitdenkens, so wie der Zins und die Dividende für viele der Inbegriff eines schnöden arbeitslosen Einkommens und Hort des Materialismus ist. In jugendlicher Begeisterungsfähigkeit ist nicht nur für Demagogen, sondern auch für manchen ideal Gesinnten ein auch nach dem Geistigen orientiertes und von Idealen mitbestimmtes, ethisch verankertes Leben erst nach Abschaffung des Geldes und Beseitigung der Banken möglich.

Es ist richtig, dass im Mittelpunkt dieses Berufes die Ware Geld steht, und es ist nach alter und vielfältiger Erfahrung ein Bestreben praktisch jedes Menschen, möglichst viel von dieser Ware zu besitzen, denn nach der guten Definition *Schopenhauers* ist das Geld der abstrakte Vertreter aller Gelüste. Gerade darum aber muss derjenige, der sich täglich in vielfältiger Art mit diesem Stoff zu befassen hat, in ganz besonderem Masse gegen Versuchungen aller Art gefeit sein. Er, der einen vielfältigen und weiten Überblick über die Entscheidungen und Pläne seiner Kunden hat, *Träger vieler Insider-Kenntnisse* und ihm anvertrauter Geheimnisse ist, der vielfach als Treuhänder der Kunden handeln muss, die seinen Rat suchen, gerade er muss neben vielen Fachkenntnissen ganz besonders über Charakterfestigkeit, Vertrauenswürdigkeit und Zuverlässigkeit verfügen. Der Mensch ist als Mensch überall in der Wirtschaft wichtig. Während bei der industriellen Tätigkeit aber der Erfolg der verschiedenen Konkurrenten sehr oft weitgehend von einer dem Unternehmen gehörenden geschützten Erfindung, von entsprechenden Patenten, von Fabrikationslizenzen, also von hoher Technologie abhängt, steht bei der Bank der Mensch als solcher mit seinen charakterlichen Fähigkeiten, seiner Gabe, Vertrauen und Freunde zu schaffen und zu erhalten, im Zentrum. Gerade der Bankier darf nie vergessen, dass Kredit von «*credere*», d. h. von glauben, sich verlassen können, stammt und also gewissermassen die *Säkularisierung* einer für das christliche und humane Dasein im Leben entscheidenden Wesensgrundlage darstellt. Es kann keinem Zweifel unterliegen: Weltanschauungen, Überzeugungen und Ideen prägen immer – stärker oder weniger stark – die Wertvorstellungen und das Handeln der Menschen. Das gilt nicht nur für die Kapitalismustheorie *Max Webers,* die Vorstellungen von *Karl Marx* oder von *Adam Smith.* Warum sollte es beim Weltbild des Bankiers anders sein? Der gute Bankier weiss, dass je grösser sein Spielraum, je umfassender seine Verantwortung ist, er umso mehr noch *andere* Qualitäten braucht als die eines grossen Technokraten, weil er immer deutlicher erkennt, dass gerade die heutigen Probleme sich *nicht mit dem Rechenschieber alleine* lösen lassen und dass das Vertrauen der Kunden, aber auch der Öffentlichkeit, zu den wichtigsten Aktiven einer Bank zählt. Selbstverständlich bilden eine möglichst perfekte Banktechnik und Rationalität, eine entsprechende Organisation wie Kontrolle und ein Verstehen der volkswirtschaftlichen Zusammenhänge eine sehr wichtige Voraussetzung wirtschaftlichen Erfolges einer Bank, aber die menschliche Garantie, dass all diese Instrumente mit ehrlichen Zielen gehandhabt werden, dass sich der Kunde und Mitarbeiter, ob gross oder klein, darauf verlassen kann, dass seine Interessen gewahrt, sein Vertrauen honoriert und kein Favoritentum betrieben wird, dass die Anlageempfehlung wie jeder Rat nach bestem Wissen und Können erfolgt, das bleiben die eigentlichen Grundlagen für das Gedeihen. *Ohne Moral und Ethik kann keine wirklich angesehene Bank geführt werden.* In der Finanz- und Bankgeschichte dürfte es darum wenige oder gar keine wirklich grossen Operationen gegeben haben, die nicht zwischen Menschen, die sich als zuverlässig kannten und vertrauten, abgeschlossen wurden, während beim laufenden Geschäft natürlich mehr der administrative, reibungslose Ablauf im Vordergrund steht. Wenn ich Rückschau auf die über zwei Jahrzehnte halte, während denen ich im

Bankgebiet tätig war, und die in einen Zeitraum grosser *Wandlungen* gefallen sind, so wird mir nochmals besonders deutlich, wie ausserordentlich wichtig der Charakter – auch des Kunden – ist, der im Grunde das einzige stabile Element darstellt, und ich meine, der grosse französische Moralphilosoph *Chamfort* hat durchaus recht, wenn er sagt: *On ne fait rien avec son intelligence, peu avec son esprit, tout avec son caractère!* Präzisierend könnte man lediglich beifügen: Die Intelligenz versteht sich von selbst!

Die Wahrung der persönlichen Freiheit

Einen Schatten auf den wirklichen Standort des Bankiers zwischen Geist und Materie wirft in manchen Augen das *Bankgeheimnis*. Darf man diese Institution verteidigen, ohne in den üblen Geruch zu kommen, die Steuerhinterziehung und den Steuerbetrug zu begünstigen, die Früchte krimineller Tätigkeit zu decken und dem Arm der Justiz zu entziehen? Ist das Bankgeheimnis wirklich nur ein verächtliches Relikt rein materialistischen, individuellen Denkens, das schmutziges Geld reinwäscht und unser Ansehen und das unseres Landes im Ausland in Verruf bringt?

Der *Schutz der Geheimsphäre* einer Person ist, wie mir scheint, zu allen Zeiten ein *wichtiges Anliegen der Völker* gewesen und durch drastische sittliche und rechtliche Sanktionen geschützt worden. Auch in unserer heutigen geschwätzigen und neugierigen Welt anerkennt der freiheitliche Staat mit vollem Recht auf den verschiedenen Gebieten ein *schutzwürdiges Interesse des Bürgers an seiner persönlichen Geheimsphäre.* Wo immer der Einzelne Dienste der öffentlichen Verwaltung oder privater Organisationen bzw. fachkundiger Privater in Anspruch nimmt und ihnen zwangsläufig private Angelegenheiten anvertraut, die er einem weiteren Kreis nicht offenbaren will, umgibt das Gesetz diese Angaben mit Schutzbestimmungen gegen deren Verbreitung. Der Vertrag des Kunden mit der Bank bezieht sich fast ausnahmslos auf vermögensrechtliche Interessen, aber sein Inhalt enthält, ob ausdrücklich und weitläufig formuliert, oder auch nur als selbstverständlich angenommen, für jedermann klar den gegenseitigen Willen, das Anvertraute gegenüber jedem Dritten geheimzuhalten. Das heisst selbstverständlich nicht, dass derjenige, der die Pflicht hat, sein Vermögen und sein Einkommen den Steuerbehörden richtig zu deklarieren, davon befreit wird oder dass illegaler Vermögenserwerb Schutz verdient. Keine Bank, die etwas auf sich hält, wird sich als bewusster Hehler gestohlener oder erpresster Titel hingeben. Sie würde übrigens auch wie jeder andere allen Rechtens dafür bestraft, aber sie darf selbstverständlich nicht, ohne gute Verdächtigungsgründe zu haben, jeden, der sich ihr naht, als einen Rechtsbrecher ansehen. Sie ist nicht der Privatdetektiv, der allen möglichen Herkunftsgründen der anvertrauten Werte nachschnüffeln kann und darf. Aber selbstverständlich gibt es Gewinne, die man lieber nicht macht. Ein *sorgfältiges* Vorgehen bei der Entgegennahme von fremden Geldern ist für eine den guten Sitten entsprechende Bankführung eine nun durch das Abkommen mit der Nationalbank vom Juni 1977 näher präzisierte *natürliche Pflicht*. Im übrigen hat die Steuerbehörde weitgehend die Möglichkeit, vom Bankkunden selbst die Auskunft zu verlangen, die ihm seine Bank zu liefern hat, und sie macht davon auch Gebrauch.

Im Strafverfahren selbst treten Rechte, die in erster Linie privaten Belangen zu dienen haben, zu denen auch der Schutz des Bankgeheimnisses gehört, gegenüber der Geltendmachung des öffentlichen Strafanspruchs zurück.

Der Wert des Schweizer Bankgeheimnisses liegt darin, dass es unter den Partnern *Vertrauen* schafft und dazu beiträgt, das Geld in den üblichen Bankkanälen zu halten, statt es, wie anderswo, in Gold, in Schränken und Strümpfen zu verstecken, und so seiner eigentlichen Funktion zu entziehen oder andere Auswege zu wählen, wie die vielen Steuerparadiese und «*off-shore*»-Bankplätze, zu denen die Schweiz trotz allen falschen Annahmen wirklich *nicht* zählt. Durch das erwähnte Vertrauen wird der bargeldlose Zahlungsverkehr gefördert und das Greifen der monetären Instrumente und der Kampf gegen Inflation erleichtert. Es dient auch der *Geldversorgung der Wirtschaft zu günstigen Bedingungen.* Unserer politischen Option entspricht die Grundauffassung, dass es ein Recht auf Diskretion und individuelle Freiheit, ein gewisses Asyl, gibt, und dieses

Recht hat in Zeiten von Kriegen und Diktatur schon manchem das Leben gerettet. So ist das Bankgeheimnis nicht nur ein Instrument vulgärer Interessenvertretung, sondern auch ein *Element zur Wahrung der persönlichen Freiheit* und ein Damm gegen das Überhandnehmen kollektivistischer Tendenzen. Es war *Lenin,* der sagte: Vertrauen ist gut – Kontrolle ist besser! Wir wissen nachgerade, wohin diese Philosophie führt. Jedes Zuviel ist schlecht: Zu viel Vertrauen wie zu viel Kontrolle! Aber *Vertrauen ist der Preis der Freiheit.*

«Les affaires, c'est l'argent des autres»

Wenn die Banken nicht immer populär sind, geht das in Wirklichkeit nicht in erster Linie auf das Bankgeheimnis zurück, sondern gerade in unserer etwas progressiv angehauchten Welt darauf, dass sie von Haus aus einen konservativen Geschäftszweig darstellen und daran nichts Wesentliches ändern können und dürfen, ohne sich selbst und die ihnen anvertrauten Gelder zu gefährden. Sie arbeiten mit *knapper* Marge, und im Verhältnis zu ihren Fremdgeldverpflichtungen mit *geringen* Eigenmitteln, können also nur *beschränkt* Risiken eingehen. Sie arbeiten mit dem Geld der andern. Für sie gilt: *Les affaires, c'est l'argent des autres!* Gerade darin liegt ein typischer Unterschied zwischen einer Bank- und einer Industriebilanz. Eine Industrie, die übermässig mit Schulden arbeitet, steht vor dem Bankrott, während eine Bank, die nicht das Zehn- bis Zwanzigfache ihrer Bilanz mit Fremdgeldern ausweist, in vieler Augen des erforderlichen Ansehens ermangelt.

Wenn die Banken versuchen würden, in ihrer Kreditpolitik populär zu sein, d.h. niemals nein zu sagen, dann würde die Sache gefährlich. Nicht zu Unrecht hat der hochangesehene Präsident der amerikanischen Notenbank, Mr. *Burns,* zu den USA-Banken gesagt: «Schützen Sie die Interessen Ihrer Aktionäre, achten Sie auf die Solvenz Ihrer Bank, sonst werde ich die sich daraus ergebenden Fragen mit Ihren Nachfolgern behandeln!» Das ist die einzig richtige Haltung eines Zentralbankiers.

Nein sagen ist manchmal schwierig, Räte zum Masshalten zu geben oft undankbar, und es verlangt vielfach mehr Mut, als einfach an der Spitze eines Trends mitzuschwimmen. Anderseits ist aber auch die rechtzeitige Unterstützung des Tüchtigen und das Früherkennen des Fähigen, die gesunde Beurteilung der Zukunft, also Dynamismus und Risikofreudigkeit, unerlässlich. Hier das richtige Mittelmass, *Sinn für die richtigen Proportionen* zu wahren, das ist es, was langfristig den Erfolg ausmacht. Eine Bank wird weitgehend *fett von den Verlusten, die sie vermeidet!* Auch der Kunde schätzt es nicht, wenn seine Bank bei jeder möglichen Pleite dabei ist. Es geschieht nichts ohne Risiko, aber ohne Risiko geschieht auch nichts!

Verankerung im Geist

Woher nimmt nun der Bankier die Kraft, die oft unvermeidlichen *Interessenkonflikte* sachlich und redlich zu lösen, die ihm anvertrauten Werte und Geheimnisse sorgfältig zu verwalten, den mit dem Beruf übernommenen Pflichten und Aufgaben treu zu dienen, Risiken und Chancen richtig abzuwägen und die nötigen Entschlüsse zu fassen, gilt doch auch für ihn das Wort *Immanuel Kants,* dass das Drama des Menschen darin besteht, dass die Notwendigkeit der Entscheidung weiter reicht als die Möglichkeit der Erkenntnis. Ganz gewiss leitet ihn, wie jeden anderen auch, zunächst die Überzeugung, dass ein geschäftlicher Dauererfolg sonst nicht erzielt werden kann. Aber das genügt m.E. nicht. Wie jeder Mensch, der Verantwortung trägt, sollte er darüber hinaus geprägt sein von einem Weltbild, in welchem der *Verzicht auf illoyalen Vorteil* seinen festen Platz hat, in dem Wahrheit und Dienst über die blosse Nützlichkeit hinaus an sich als richtig und nötig empfunden werden. Damit sind wir in Bezirken angekommen, wo nicht bloss wirtschaftliche oder wissenschaftliche, sondern *theologische* Begriffe gelten. Das Weltbild des Bankiers muss dem Leben also einen Sinn zumessen, der *über* den reinen Zufall und das absurde Spiel eines anonymen Spassmachers hinausgeht. So, meine ich, braucht der Bankier mindestens wie jeder andere Mensch – wegen seiner besonderen Versuchungen wohl noch mehr – eine *Veranke-*

rung nicht nur in der Materie, sondern auch *im Geist,* d.h. in einer Welt nicht nur des Seins, sondern auch des Sollens.

Man spricht heute viel von sozialer Marktwirtschaft, von Marktwirtschaft mit menschlichem Antlitz oder von Marktwirtschaft mit sozialem Gewissen und meint damit ein Wirtschaftssystem, das die Hebelwirkung des eigenen Interesses, der Freiheit des Handelns und die private Initiative anerkennt und auch zum Zug kommen lässt und das sich gerade damit für die Hervorbringung von Wohlstand über eine alte Tradition ausweisen kann. Es soll aber verbunden werden mit ethischer Haltung und *Mindestgarantien für die Schwachen,* Garantien, die der Markt selbst nicht hergibt, also so viel Ansporn und Freiheit wie möglich, aber auch so viel Zwang wie unbedingt nötig. Der rechtsfreie Raum kann um so grösser und weiter sein, als im vorrechtlichen Bereich bei einem Einzelnen und bei einem Volk aus Erziehung und Herkommen Hemmungs-, Wert- und Masshaltevorstellungen vorhanden sind, die regulierend auf das Handeln einwirken. Es geht bei dieser Vorstellung von der Bedeutung des Marktes nicht um eine simple Restauration des laissez-faire-Konzepts, sondern um die durchaus neue, aber auch sehr alte Vorstellung, dass Freiheit Verantwortlichkeit bedeutet, dass *Verantwortlichkeit ohne Freiheit nicht möglich ist* und dass der Einzelne als Wirtschaftssubjekt wie als Bürger noch über die geistige und moralische Substanz, Sinn für Würde, Freiheit und Verantwortlichkeit, verfügt, die ihm bei aller Wahrung seiner legitimen Interessen erlauben, richtig zu handeln. Die Zwangswirtschaft ist keine vertretbare Alternative. Sie ist ethisch mit der Freiheit, dem Gewissen und der Entfaltung der Persönlichkeit wie aller Totalitarismus unvereinbar, weil sie keine persönliche Wahl lässt. Sie nimmt dem Menschen weitgehend seine persönliche Verantwortung und Würde und schädigt damit auch das Ganze. Sie verneint den Menschen, weil sie das Gewissen verneint, statt es neben seinen unmittelbaren Interessen wachsend zu einem Motor seines praktischen Verhaltens in dieser Welt werden zu lassen. Darum braucht auch der Bankier neben viel Realitätssinn die bindende und stärkende *Kraft eines Leitbildes,* eines Bekenntnisses. Eine nihilistische Seinslehre dient ihm nicht. Wir müssen darum mit *Hermann Hesse* nicht hinten beginnen, bei den Regierungsformen und politischen

14

Methoden, sondern wir müssen *vorne anfangen,* beim Bau der Persönlichkeit, *wenn wir wieder Geister und Männer haben wollen, die unsere
Zukunft verbürgen.*

Wirtschaftspolitik «à la taille de la Suisse»

Das Postulat nach einer aktiven Konjunkturpolitik hat seit den Krisenjahren die Idee von der *Selbstregulierung der Wirtschaft* zusehends verdrängt. Schliesslich wurde in fast allen Industriestaaten der freien Welt den Regierungen gesetzlich die Aufgabe zugewiesen, für die Sicherung einer möglichst weitgehenden Vollbeschäftigung zu sorgen. In der Schweiz geschah das 1947 auf dem Weg einer von Volk und Ständen gutgeheissenen *Verfassungsänderung.* Damals wurde in die Bundesverfassung der Artikel 31 quinquies aufgenommen, der lautet: «Der Bund trifft in Verbindung mit den Kantonen und der privaten Wirtschaft Massnahmen zur Verhütung von Wirtschaftskrisen und nötigenfalls zur Bekämpfung eingetretener Arbeitslosigkeit. Er erlässt Vorschriften über die Arbeitsbeschaffung.»

Das Problem der Inflation

An dieser Formulierung ist einmal bemerkenswert, dass sie den Bund ausdrücklich zur *Zusammenarbeit* mit der Privatwirtschaft auffordert, ein Grundsatz, der heute leider oft vergessen wird und unbedingt wieder *aufgewertet* werden sollte. Konzeptionsmässig liegen der Verfassungsvorschrift offenkundig die bitteren Erfahrungen der dreissiger Jahre zugrunde. Sie ermächtigt den Bund nicht generell zu einer aktiven Konjunkturpolitik, sondern erteilt ihm bloss den enger umrissenen Auftrag, einer allfälligen Arbeitslosigkeit zu begegnen. Wie die Generäle, die sich nach einem bekannten Wort stets für den letzten Krieg vorbereiten und durch den neuen immer überrumpelt werden, mussten unsere Wirtschaftspolitiker bald erkennen, dass die tatsächliche Entwicklung wesentlich *anders* verlief, als sie erwartet hatten. Statt der seinerzeit fast allseits befürchteten Depression brachte die Nachkriegszeit eine Hochkonjunktur von seltener Intensität. Das Zentralproblem unserer Wirtschaftspolitik lag daher seit 1945 nicht darin, die Konjunktur durch arbeitsschaffende Massnahmen anzuregen. Vielmehr stand die entgegengesetzte Aufgabe im Vordergrund, die allzu lebhafte Geschäftstätigkeit zu bremsen und die *Inflationsgefahr* zu mindern.

In der Tat flammte die Debatte über die schweizerische Konjunkturpolitik und das konjunkturpolitische Instrumentarium immer wieder kräftig auf. Ihr gemeinsamer Ausgangspunkt bildet die Einsicht in die Nachteile und Gefahren der Inflation. Im allgemeinen wird auch anerkannt, dass in der betont exportorientierten, kapitalintensiven schweizerischen Wirtschaft und bei der Stellung des Landes als internationales Finanz- und Versicherungszentrum dem *Kampf gegen die Teuerung* besondere Bedeutung zukommt. Dies um so mehr, als unsere Industrie auf wichtigen Auslandmärkten heute die Barriere einer wachsenden Diskriminierung überwinden muss. Auch ist man sich einig, dass aus einer Übersteigerung des Booms der Anstoss zur Krise kommen könnte. Mit diesen Feststellungen ist aber der Bereich prinzipieller Einhelligkeit schon ziemlich erschöpft; von hier aus gehen Meinungen und Ansichten recht stark auseinander. An sich kann das nicht allzusehr verwundern. Zum Teil ergeben sich die Differenzen aus der Jugend der Konjunkturpolitik, die es noch nicht erlaubte, gesicherte Erfahrungen für alle Umstände und Verhältnisse zu gewinnen. Auch veranlasst die *Komplexität des Konjunkturphänomens* den Betrachtenden je nach Standort und Blickwinkel, die Akzente unterschiedlich zu setzen.

Weitere Probleme entstehen daraus, dass sämtliche Massnahmen, die sich für die Konjunkturregulierung einsetzen lassen, auch anderen Zwecken dienen. So rührt die *Zinspolitik* beispielsweise an Fragen der Einkommensverteilung oder die Steuerpolitik an solche des sozialen Ausgleichs. Die Aufgabe, zwischen diesen verschiedenen Gesichtspunkten eine gewisse Harmonie herzustellen, ist selbstverständlich weder einfach noch dürfte sie sich jemals ohne Meinungsverschiedenheiten lösen lassen. Zudem zieht die dem Staat überbundene Aufgabe der Beschäftigungsstabilisierung eine zunehmende *Politisierung der Wirtschaft* nach sich. Dies hat zur Folge, dass Sonderbelange einzelner Gruppen oft ungebührlich in den Vordergrund rücken und den Blick für das Allgemeininteresse trüben. Auch stimmt der Politiker expansiven Massnahmen wesentlich lieber zu als den in den letzten Jahren gebotenen restriktiven Vorkehren. Der Appell an Selbstbescheidung und Zurückhaltung wirft mindestens auf kurze Sicht stimmenmässig nur bescheidene Dividenden ab.

So sind divergierende Ansichten im Konjunkturgespräch eine an sich natürliche Erscheinung. Das kann aber nicht darüber hinwegtäuschen, dass die Differenzen auf ganz verschiedenen Ebenen liegen. Sehr oft betreffen sie bloss mehr oder minder an der Oberfläche haftende Fragen. Zum Teil bestehen indessen wesentlich tiefergreifende Meinungsverschiedenheiten, die sich auf Möglichkeiten und Methoden einer schweizerischen Konjunkturpolitik beziehen.

Schweizerische Wirtschaftsstruktur und Konjunkturpolitik

Diesen zentralen Problemen will ich nun vor allem mein Augenmerk schenken. Zunächst ist es interessant, festzuhalten, dass die *Fronten* der Auseinandersetzung, die sich sonst ineinander verschachteln und verzahnen, bei diesen konjunkturpolitischen Kernfragen etwas *deutlicher* hervortreten: sie verlaufen, wenn auch nicht geradlinig, so doch einigermassen überraschend zwischen der Praxis auf der einen und der Theorie auf der anderen Seite. Nimmt der Praktiker meist eine eher skeptische Haltung ein, so beurteilen unsere Nationalökonomen von Hochschulen und Behörden die Chancen einer autonomen Konjunkturpolitik mehrheitlich positiver. Nun ist es zwar Aufgabe der Wissenschaft, gegenüber dem im Tagesgeschehen verhafteten Praktiker das Allgemeininteresse zu betonen und neue Horizonte aufzuzeigen. Schon aus diesem unterschiedlichen Blickwinkel mögen nicht selten *Gegensätze zwischen Theorie und Praxis* entstehen. Indessen habe ich den bestimmten Eindruck, dass die Differenzen, von denen hier die Rede ist, ihren Hauptgrund nicht in diesem Sachverhalt haben. Vielmehr scheinen sie mir vor allem darin zu wurzeln, dass die Wirtschaftswissenschaftler auf die Realitäten der schweizerischen Verhältnisse oft zu wenig Rücksicht nehmen.

Der Grund dafür ist nicht schwer zu finden. Die konjunkturtheoretischen und konjunkturpolitischen Lehren und Rezepte stammen nämlich vornehmlich aus Grossstaaten, wie etwa den Vereinigten Staaten, in denen die Zentralregierungen relativ bedeutende Befugnisse besitzen und in denen die vom Aussenhandel herrührenden Einflüsse gegenüber dem Binnenmarkt eine eher sekundäre Rolle spielen. In derart strukturierten Ländern gehen massgebliche Konjunkturimpulse von der eigenen Wirtschaft aus, und die Behörden finden daher günstige Voraussetzungen vor, den Geschäftsgang durch geeignete Massnahmen zu bremsen oder anzuregen. Die unter solchen Bedingungen gewonnenen Erkenntnisse und Erfahrungen lassen sich aber nur *sehr bedingt* auf den schweizerischen Kleinstaat übertragen, in dem die Verhältnisse wesentlich anders gelagert sind. Politisch bildet unser Land mit seinem föderativen Aufbau und der direkten Demokratie eine *Sondererscheinung* in der Welt. Das gleiche trifft für seine Wirtschaft zu. In einem Lebensraum für 3 Millionen Menschen müssen wir 6 Millionen den erfreulich hohen und anspruchsvollen schweizerischen Lebensstandard bieten. Bei einer Bevölkerung, die kleiner ist als jene einiger ausländischer Grossstädte, besitzt die Schweiz eine Aussenwirtschaft, deren Potential dem eines erheblich grösseren Landes entspricht. So ist schon gesagt worden, dass die Schweiz nach ihrer industriellen Leistung der Bedeutung eines 10-Millionen-Volkes und als internationaler Finanzplatz gar der eines 20-Millionen-Volkes entspreche. Nicht weniger als zwei Fünftel unseres Volkseinkommens fallen im Verkehr mit dem Ausland an. Deshalb üben bei uns, anders als in Grossstaaten, Vorgänge jenseits der Grenzen einen *entscheidenden* Einfluss auf die Konjunktur aus. Ohne Prosperität des Auslands kann unser Kleinstaat nicht prosperieren, und ohne erfolgreiche Konjunkturpolitik im Ausland können auch unsere konjunkturpolitischen Massnahmen nur beschränkte Resultate erzielen.

Unser Land ist somit keineswegs voll und ganz seines Schicksals Schmied. Als Kleinstaat in der Weltwirtschaft wird es stets im *Kielwasser der weltwirtschaftlichen Konjunktur* schwimmen. Wollten wir uns dieser strukturbedingten Lage entziehen und unsere Konjunktur selber in die Hand nehmen, so bedürfte es drakonischer Eingriffe, an denen unsere Eidgenossenschaft und unser Wohlstand verkümmern müssten. Diese uns gesetzten Grenzen gilt es zu erkennen und sich davor zu hüten, unsere Möglichkeiten für ein autonomes konjunkturpolitisches Vorgehen an jenen grosser Staaten zu messen. Deshalb müssen und dürfen wir aber die Hände keineswegs in den Schoss legen. Uns bleibt die Verantwortung, dafür zu sorgen, dass binnenwirtschaftliche Impulse den Kostenauftrieb nicht in einem Masse beschleunigen, der die für unsere Volkswirtschaft so wichtige internationale Konkurrenzfähigkeit sowie das für einen internationalen Finanz- und Versicherungsplatz unerlässliche *Vertrauen in Währung und Wirtschaftsfreiheit* bedroht. Hierzu sind wir mit eigenen Anstrengungen durchaus in der Lage. Darin besteht denn auch die eigentliche, unserem Land gemässe konjunktur- und wohlstandspolitische Aufgabe. Dabei müssen wir uns aber darüber klar sein, dass bei übersetzter Beschäftigung inflatorische Tendenzen unvermeidlich sind.

Was für die Ziele der Konjunkturpolitik gilt, trifft ebensosehr für deren Methoden zu. Auch sie sollten, so zweckmässig sie sich anderswo erwiesen haben mögen, nicht einfach unbesehen auf die schweizerischen Verhältnisse übertragen werden. Dieses Postulat scheint so selbstverständlich zu sein, dass es sich erübrigt, darüber Worte zu verlieren. Schliesslich lehnt der Gärtner, der ein Rosenbeet anlegen will, auch nicht beim Bauunternehmer den Bulldozer aus! Trotzdem wird dieser Gesichtspunkt oft wenig beachtet. Zur Illustration greife ich einen in letzter Zeit rege diskutierten Vorschlag heraus. Ich meine die berühmte «planification», die im Ausland, insbesondere in Frankreich, heute gepflegt und gelegentlich auch uns ans Herz gelegt wird. Nun ist ohne weiteres zuzugestehen, dass diese Anregung durch gewisse Notwendigkeiten der modernen Wirtschaft eine Stütze zu erhalten scheint. In der Tat hat die Verbreiterung der Märkte, der Abbau der Handelsschranken, die Tendenz zu wachsenden Produktionseinheiten und zur *Automatisierung* bei den Unternehmen das Bedürfnis erhöht, zur Vermeidung kostspieliger Fehlinvestitionen die künftige Nachfrageentwicklung genauer abzuschätzen und festzulegen. Nicht zuletzt aus diesem Bestreben entstand der Gedanke einer exakteren, unter Teilnahme des Staates durchgeführten *Planung*. Es ist hier weder der Ort noch der Platz, auf die damit verbundenen vielschichtigen Probleme im einzelnen einzutreten. Ein wesentlicher Punkt verdient in diesem Zusammenhang aber Beachtung. Gewiss gilt der Satz «gouverner c'est prévoir». Darum sind an sich alle Versuche einzelner Unternehmen wie des Staates zu begrüssen, das Dunkel, das über der Zukunft liegt, etwas aufzuhellen und zur grösseren *Transparenz* des wirtschaftlichen Geschehens beizutragen. Indessen gilt es, nicht zu übersehen, dass es ein Ding ist, sich gedanklich ein Bild der mutmasslichen weiteren Entwicklung zu machen, um bessere Grundlagen für unser stets zukunftsbezogenes Handeln zu gewinnen. Etwas ganz anderes aber ist es, den Staat hinter derartige Prognosen zu stellen und diese in den Rang amtlicher Pläne mit oft recht *willkürlichen* Struktur- und Wachstumszielen zu erheben. Wenn es sich hierbei im Westen auch nicht um verbindliche Planungen im Geiste kommunistischer Praxis, sondern um richtungsweisende längerfristige Programme handelt, so steht doch staatliches Prestige auf dem Spiel, und die Behörden dürften wohl ihr Möglichstes tun, um die Wirklichkeit schliesslich mit dem Plan in Übereinstimmung zu bringen. Das Ergebnis wäre also nicht die Herrschaft der Voraussicht, sondern die des vermehrten staatlichen Dirigismus! Ein Unternehmen, das den behördlichen Plänen treu folgt, erwirbt naturgemäss einen wenigstens moralischen Anspruch auf Schutz gegen daraus allfällig erwachsende Schäden. Das alles führt zu Massnahmen, die direkt in einen für uns von Haus aus unerträglichen *Subventionismus* und *Protektionismus* ausarten müssten. Solche Pressionen und Konsequenzen mögen in grossen Ländern leichter abwehrbar und auch leichter tragbar sein als in unserem kleinen Staat. Unsere weltoffene Wirtschaft ist einerseits der «planification» besonders schlecht zugänglich, anderseits aber darauf angewiesen, den Gesetzen des Marktes möglichst beweglich und *frei von behördlichem Diktat* zu folgen. Auch hier wird in den wirtschaftspolitischen Postulaten den strukturellen und grössenmässigen Unterschieden allzuwenig Rechnung getragen. Es regt sich die Erinnerung an jenen grossmauligen Frosch in La Fontaine's berühmter Fabel, mit dem es bekanntlich ein böses Ende nahm.

Schweizerischer Staatsaufbau und Konjunkturpolitik

Zu den Grenzen, die einer autonomen schweizerischen Konjunkturpolitik aus der wirtschaftlichen Struktur unseres Landes erwachsen, gesellen sich die im staatspolitischen Aufbau der Eidgenossenschaft wurzelnden *Schranken.* Oft wird geflissentlich übersehen, dass die Konzentration weitreichender wirtschaftspolitischer Befugnisse in einer Hand dem für den freiheitlich-föderativen Aufbau unseres Landes wichtigen Grundsatz der Trennung und *Dezentralisation der Gewalten* widerspricht. Zudem besteht im Unterschied zu Grossstaaten in unserem kleinen Land, in dem sich sozusagen jeder kennt und jeder den anderen sprechen kann, *kein* dringendes Bedürfnis für eine allumfassende Institutionalisierung der Wirtschaftspolitik.

In unserer Abstimmungsdemokratie können auch nicht immer wieder Eingriffe in die Freiheit vorgenommen werden, ohne die so notwendige spontane Bereitschaft des Volkes zur Zusammenarbeit mit den öffentlichen Organen zu lähmen, ohne den instinktiven Widerstand gegen deren Massnahmen zu verstärken und ohne zu einer unerwünschten Abnützung der Regierungsautorität zu führen. Im Kanton *Glarus* zum Beispiel besitzt der einzelne Bürger das Recht der vollen Gesetzes- oder Verfassungsinitiative, das die Regierung verpflichtet, seine Anträge der Landsgemeinde vorzulegen; allenthalben ist bei uns der Bürger über das obligatorische oder fakultative Referendum zum Entscheid nicht nur über die Bestellung der verschiedenen Behörden, sondern aller wichtigeren Sachfragen aufgerufen. Dies überbindet ihm Verantwortungen und Rechte sowie ein Mass an *Selbstbestimmung* und Freiheit auf politischem und wirtschaftlichem Gebiet, wie es sonst in der Welt wohl nirgends anzutreffen ist. Das Vertrauen in den Bürger hat sich bis heute bewährt und ist dann kein Abenteuer für ein Volk, wenn verhältnismässig kleine, übersehbare Verhältnisse vorliegen und jeder in Rücksicht und Einsicht erzogen wird. Diesem schweizerischen Ausnahmefall wird denn auch weitgehend die Bewunderung und Anerkennung des Auslandes zuteil. Dank ihm haben wir die Möglichkeit, durch Werke der freien Selbstbestimmung und des Friedens unseren Beitrag im Konzert der Völker zu leisten.

Eine harmonische Konjunktur- und Wachstumspolitik muss darauf achten, dass neben dem wirtschaftlichen auch das *gesellschaftliche Gleichgewicht* gesichert bleibt und kein Strukturwandel ausgelöst wird, der bewährte, lebensfähige Formen des politischen, staatlichen und sozialen Zusammenseins gefährdet. Der Hinweis auf die Kooperation zwischen Wirtschaft und Behörden in dem bereits zitierten konjunkturpolitischen Verfassungsartikel hat seinen guten Sinn und seine tiefe innere Berechtigung.

Der wirtschaftspolitische Stil des Teamworks

So sind einer schweizerischen Konjunkturpolitik von verschiedenen Seiten her ganz bestimmte Grenzen gesetzt. Deshalb sind wir aber keineswegs zur Untätigkeit verurteilt. Doch haben wir mit grösster Umsicht zu handeln und die Vorteile aller Schritte unter gewissenhafter Berücksichtigung unserer eigenen Verhältnisse sorgfältig gegen die Nachteile abzuwägen. Unsere erste Frage sollte in jedem konkreten Einzelfall nicht lauten: «Was sollen wir konjunkturpolitisch unternehmen?», sondern: *«Müssen wir überhaupt etwas unternehmen?»* Unser kleiner Staat bedarf ganz besonders der Freiheit: politisch, um seine eigenständige Lebensform sowie seine Originalität zu bewahren und um nicht zu einer durch ihre Farblosigkeit uninteressanten kleinen Gemeinschaft in der Mitte Europas abzusinken; wirtschaftlich, um sich den wechselnden Verhältnissen der Weltwirtschaft elastisch anzupassen und im Wettbewerb mit den Grossen dieser Erde bestehen zu können. Der Kleinstaat hat nach dem bekannten Wort unseres grossen Kulturphilosophen *Jacob Burckhardt* eben «überhaupt nichts als die wirkliche, tatsächliche Freiheit, wodurch er die gewaltigen Vorteile des Grossstaates, sogar dessen Macht, ideal völlig aufwiegt».

Aber diese Freiheit ist *kein endgültiges Geschenk,* sondern muss durch geeignete ordnungspolitische Anstrengungen stets neu errungen werden. Unsere Wirtschaft hat für diese Sachlage immer wieder Verständnis gezeigt und durch die freiwillige Kooperation mit den Behörden dazu beigetragen, für die sich stellenden Probleme jene Lösungen zu finden, die den Verhältnissen am besten angepasst erschienen. So entstand mit der Zeit ein eigenständiges wirtschaftspolitisches Instrumentarium, das besonders im geldwirtschaftlichen Sektor sehr gut ausgebaut ist. Wohl war dieses Instrumentarium zum guten Teil kein *gesetzliches* Zwangsinstrumentarium, sondern ruht weitgehend auf *freiwilligen Vereinbarungen*. Darum war es aber keineswegs schlechter. Im Gegenteil spricht vieles dafür, dass Interventionen, die im Gespräch zwischen den Beteiligten unter Berücksichtigung sämtlicher Belange konzipiert werden, in sachlicher Hinsicht wie auch in ihrer Anpassungsfähigkeit an die wechselnden Belange den schematischen Regelungen überlegen sind, welche die Behörden einseitig auf Grund ihrer gesetzlichen Befugnisse erlassen. Zwar mögen auch im Rahmen dieser Partnerschaft gelegentlich dirigistische Eingriffe getroffen werden, die auf lange Sicht zu *Dauerschäden* führen können. Sie sind aber in dieser Form deshalb eher tragbar, weil die freiwillige Kooperation es leichter macht, darauf zu achten, dass der Marktwirtschaft die Luft der Freiheit, deren sie bedarf, nicht allzu lange entzogen bleibt. Tatsächlich haben wir mit unseren oft unorthodoxen, auf die wechselnden Verhältnisse abgestimmten Methoden die schwierigen Situationen, vor die sich unser Land in den letzten zwanzig bis dreissig Jahren wiederholt gestellt sah, im ganzen keineswegs schlecht gemeistert. Dafür zeugt nicht zuletzt der gute Ruf, den die Schweiz wirtschaftlich wie finanziell allenthalben geniesst. Das Ausland hat uns denn auch um unseren wirtschaftspolitischen Stil vielfach beneidet. Nicht der Vergleich der verschiedenen Instrumente und Methoden – den wir übrigens auch nicht zu scheuen brauchten –, sondern das konjunktur- und staatspolitisch Erreichte ist es, worauf es nach dem alten Bibelwort ankommt: «*An ihren Früchten sollt ihr sie erkennen.*»

Mit diesen Bemerkungen möchte ich unsere Wirtschaftspolitik gewiss nicht idealisieren oder ihr gar uneingeschränktes Lob spenden. Es ist im Gegenteil evident, dass, wie in allen menschlichen Dingen, auch hier Fehler begangen wurden. Der Gerechtigkeit halber wird man aber feststellen müssen, dass diese Fehler ihre Hauptursache nicht in den wirtschaftspolitischen Methoden, sondern in unserem Bestreben haben, den *Pelz zu waschen, ohne ihn nass zu machen.* Voller Tücken lauert vor allem die Neigung, unsere Konjunktursorgen vornehmlich auf dem Rücken des Auslandes lösen zu wollen. Gewiss schuf unsere Weltverbundenheit gelegentlich Probleme, und es ist zeitweise sicher erforderlich, solchen Schwierigkeiten durch vorübergehende *gezielte* Eingriffe zu begegnen. Ob dieser kurzfristigen Notmassnahmen dürfen wir aber nie vergessen, dass unser Land ohne den intensiven Wirtschaftsverkehr mit dem Ausland, ohne die ausländischen Arbeitskräfte und ohne das ausländische Kapital nie in der Lage gewesen wäre, eine Wirtschaft mit der wohlstandsschöpfenden Kraft zu entwickeln, wie wir sie heute kennen. *Weltoffenheit, Toleranz* und *Gastfreundschaft* gehören zu den Kardinaltugenden, die das Gesicht der modernen Schweiz prägen halfen, die wir aber nicht immer gebührend beachten. In der Tat sind wir dem Ausland gegenüber mit unseren Eingriffen teilweise *über das Mass* des langfristig Tragbaren hinausgegangen; unser Verhalten hat uns vor allem im internationalen Emissionsgeschäft bereits Einbussen gebracht, die wieder aufzuholen geraume Zeit und erhebliche Mühe kosten wird.

Wirtschaftspolitische Mängel und Reformen

Schuld an diesen Fehlentwicklungen trägt nicht zuletzt unsere innerlich widerspruchsvolle Wirtschaftspolitik, die sich oft dem schönen, aber leider trügerischen Wahn hinzugeben scheint, zugleich den «*Fünfer und das Weggli*» haben zu können. So sollte in den letzten Jahren die Teuerung bekämpft, die Zahl der ausländischen Arbeitskräfte abgebaut und gleichzeitig das Zinsniveau stabil oder sein Anstieg doch in möglichst engen Grenzen gehalten werden. Dem Einsichtigen ist es klar, dass diese *gegensätzlichen Ziele* auf keinen gemeinsamen Nenner zu bringen sind. Tatsächlich wurden zum Zwecke der Inflationsabwehr zahlreiche Barrieren gegen die zufliessenden Auslandgelder errichtet. Gleichzeitig ist aber der Kapitalexport ebenfalls kräftig eingeschränkt worden, um den Zinsauftrieb zu dämpfen, der konjunkturhemmend und so mit der Zeit antiinflatorisch wirkt. Ausserdem leitete der Bund auf Wunsch des Parlaments ein *umfangreiches Subventionsprogramm* ein, um in bestimmten Bereichen der Bautätigkeit den bremsenden Einfluss zu neutralisieren, der vom knapperen und teureren Geld ausgeht. Durch ihre *übersteigerte Ausgabenpolitik* goss die öffentliche Hand noch weiteres Öl in das knisternde Feuer der Überkonjunktur. Somit waren wir in unserer Wirtschaftspolitik einem Autofahrer nicht unähnlich, der zur gleichen Zeit auf den Gashebel und das Bremspedal drückt. Dass unser wirtschaftliches Vehikel unter dieser Fahrweise litt, kann nicht verwundern. Sollen keine schwerwiegenden Dauerschäden entstehen, werden wir unser Vorgehen zweifellos ändern müssen.

Zu diesem Zwecke braucht es aber keine neuen konjunkturpolitischen Instrumente. Es bedarf hierzu allein des Willens, unsere Wirtschaftspolitik aus den Widersprüchen und der Verkrampfung zu befreien, die sie in den letzten Jahren kennzeichneten. Dies zu erreichen, setzt vor allem eine Lockerung des in unserem Land herrschenden *Zinstabus* voraus. Das bedingt gewisse Reformen auf dem Gebiet der Hypothekarfinanzierung, die bei uns, wiewohl materiell langfristig, in leider recht unorthodoxer Weise formell kurzfristig erfolgt. Änderungen auf dem Kapitalmarkt schlagen darum bald auch auf die Sätze der alten Hypotheken durch. Da die Hypothekarbelastung der schweizerischen Landwirtschaft wie des Immobilienbestandes sehr bedeutend ist, löst eine Geldverteuerung über die indexmässig so wichtigen Nahrungsmittel und Mieten rasch auf dem Preis- und Lohngebiet Anpassungsvorgänge aus, die den Widerstand gegen eine Zinserhöhung naturgemäss verstärken. Das daraus resultierende Bestreben, das Spiel der Marktkräfte in bezug auf den Hypothekarsatz auszuschalten, führt zu ernsten *Verzerrungen* im Zinsgefüge und damit zu weiteren Umlagerungen in den anlagepolitischen Dispositionen, die ihrerseits wieder dahin wirken, die bereits bestehenden Schwierigkeiten zu verschärfen. Ich verkenne durchaus nicht, dass wir der heutigen Finanzierungsweise des Hypothekargeschäfts den billigen Bodenkredit zu danken haben. Man muss sich aber auch darüber Rechenschaft geben, dass der Preis dafür in Form einer *erhöhten Anfälligkeit für den Dirigismus und Inflationismus* zu entrichten ist, ganz zu schweigen von dem nicht ungefährlichen Verstoss der Banken gegen die Regel der *Kongruenz der Fälligkeiten.* Gelingt es hier durch geeignete strukturelle Eingriffe, darunter auch die generelle Amortisationspflicht für Hypotheken, Abhilfe zu schaffen, würden gewichtige Argumente wegfallen, auf die sich die Opposition gegen eine konjunkturgerechte Zinspolitik in unserem auf flexible Zinssätze ganz besonders angewiesenen Land beruft.

Mit dieser Reform wäre die Bahn für eine konsequentere Konjunkturpolitik geebnet, und den Behörden fiele es leichter, die *wirtschaftspolitischen Waffen,* die sie, wie etwa die Diskont- und Fiskalpolitik, heute bereits besitzen, aber teils ungenützt lassen, teils sogar in einer den wirtschaftlichen Erfordernissen entgegengesetzten Weise verwenden müssen, *konjunkturgerecht* einzusetzen. Nur soweit diese Eingriffe nicht ausreichen, wären sie allenfalls zu ergänzen, wobei das hergebrachte *Teamwork zwischen Behörden und Wirtschaft,* das heisst nicht zuletzt den Banken, zweifellos den *einzigen* geeigneten, unserem Land gemässen Weg bildete. Es ist aber selbstverständlich, dass solche zusätzlichen Interventionen bloss dann getroffen werden, wenn klare Notwendigkeiten und bedeutende landeswichtige Interessen auf dem Spiele stehen. In diesen Fällen hat sich der Geist der echten Partnerschaft zwischen staatlichen und privaten Stellen jedenfalls im Bereich der Kreditwirtschaft stets bewährt, und es kann keinem Zweifel unterliegen, dass dem auch in Zukunft so sein wird. Der Gedanke scheint darum *abwegig,* den Behörden dirigistische Befugnisse sozusagen auf Vorrat einzuräumen für den Fall, dass die Zusammenarbeit einmal versagen könnte. Wohl ist befehlen leichter als verhandeln. Indessen lässt sich nur im Gespräch eine Basis für allseits abgewogene Lösungen erreichen, die von einem Gefühl der Loyalität und der gemeinsamen Verantwortung getragen werden – wobei überdies dahingestellt bleibe, ob der Befehlende für die ihm eingeräumte Macht nicht letzten Endes einen Preis zu entrichten hat, der für ihn wie das Land eine grosse Belastung bilden mag. Schliesslich ist das Schicksal von Staaten, die ihren Behörden weitreichende wirtschaftspolitische Befugnisse einräumen, *nicht* dazu angetan, uns zur Nachahmung zu ermuntern.

Mit dem Bekenntnis zum traditionellen schweizerischen Stil der Wirtschaftspolitik ist aber keineswegs gesagt, dass er nicht gewisser Verbesserungen bedarf. Einmal stellt sich die Frage, ob in die konjunkturpolitischen Abmachungen, welche die Behörden bisher fast nur mit den Banken trafen, nicht auch *weitere Bereiche* einbezogen werden könnten. Sodann wäre daran zu denken, den Bundesrat zu ermächtigen, derartige Vereinbarungen für eine genau bestimmte Frist *allgemein verbindlich* zu erklären. Damit würde eine wichtige Schwäche der bisherigen Aktionen dieser Art mindestens zum Teil wegfallen, nämlich die Schwäche, dass die Verträge gewöhnlich bloss einer beschränkten Zahl von Partnern Pflichten auferlegen und es so den Abseitsstehenden ermöglichen, ihre Eigeninteressen durchaus legal auf Kosten jener kräftig zu fördern, die sich im Dienste des Allgemeinwohls freiwillig beschränken. Die angeregte Reform würde eine in unserer Arbeitsmarktpolitik bereits gepflegte Praxis weiterentwickeln und sich so harmonisch in das schweizerische wirtschaftspolitische System einfügen.

Konjunkturpolitik – eine Gemeinschaftsaufgabe

Ebenso grosse Beachtung wie der wirtschaftspolitische Stil verdient die Tatsache, dass die Konjunkturpolitik eine *Gemeinschaftsaufgabe* darstellt, die alle angeht und die sich auch nur durch die Anstrengungen aller einigermassen befriedigend lösen lässt. Die Richtschnur des «Hanemann, geh Du voran!» mag recht praktisch erscheinen; sie bildet aber zweifellos keinen Grundsatz, der geeignet wäre, den für die lebendige Demokratie so wesentlichen Blick auf das Allgemeinwohl zu schärfen. Gewiss kann je nach der Lage bald das eine, bald das andere wirtschaftspolitische Mittel im Vordergrund stehen. Das sollte uns aber nicht veranlassen, simplen *monistischen* Ansichten zu huldigen und eine hinkende Konjunkturpolitik zu vertreten, die bestenfalls nur hinkende Resultate ergeben könnte, meist aber ermüden und zusammenbrechen würde. Insbesondere ist in dieser Hinsicht vor der sich neuerdings abzeichnenden Tendenz zu warnen, die Konjunktur allein mit kreditpolitischen Mitteln beeinflussen zu wollen. Meiner Ansicht nach lässt sich auf diesem Weg, bei einigermassen freier Zinsgestaltung, einiges erreichen. Aber selbst wenn die Voraussetzungen für eine flexible Zinspolitik bei uns erfüllt sein sollten, wird man sich hüten müssen, dieses Instrument allzusehr zu strapazieren. Gerade in der mit dem Ausland finanziell eng verbundenen Schweiz ist im Zeichen der *vollen Konvertibilität* die Gefahr gross, dass kreditpolitische Einschränkungen, die wir uns selber auferlegen, durch die Aktivität fremder Institute umgangen werden und Vertrauensschäden entstehen, die uns angesichts des besonderen Charakters unseres Finanz- und Versicherungsplatzes sehr schwer treffen könnten. Bei kurzfristigen Auslandguthaben von rund 120 Mrd. Franken würden gewisse Interventionen es auch notwendig machen, die Eingriffe in Dosen zu verabreichen, die gefährlich sein müssten. Es gibt nach *Paracelsus* keinen Giftstoff an sich, es ist nur die Dosis, die etwas zum Gifte macht! Die Geldpolitik erfordert bei uns eine sehr leichte Hand und ein empfindliches Sensorium für die oft schwer überschaubaren Konsequenzen, die sich mittelbar wie unmittelbar im nationalen und internationalen Bereich ergeben mögen. Darum erscheint es besonders hier fehl am Platz, sich schematisch auf gesetzliche Vorschriften abzustützen, statt jeweils im Gespräch mit allen Beteiligten die den Verhältnissen angepassten Lösungen zu erarbeiten. Dazu kommt, dass die Geldpolitik erfahrungsgemäss meist allein nicht ausreicht, die Konjunkturprobleme zu meistern. Nur wenn sämtliche Sparten der Wirtschafts- und Finanzpolitik zusammenwirken und sich die Massnahmen in den Einzelbereichen gegenseitig stützen und fördern, ist es möglich, zu befriedigenden Resultaten zu gelangen.

Eine besondere Verantwortung fällt der *Fiskalpolitik* zu. Zugegebenermassen ist es nicht einfach, bei der Gestaltung des öffentlichen Haushalts, die vor allem von politischen Kräften beherrscht wird, konjunkturellen Gesichtspunkten ausreichend Rechnung zu tragen. Öffentliche Investitionsprojekte, die in früheren Jahren zwecks Drosselung der wirtschaftlichen Aktivität oder im Sinne der Krisenvorsorge zurückgestellt wurden, lassen sich heute vielfach nicht mehr länger aufschieben. Neue Bedürfnisse werden geweckt und ermuntert, wenn reichlich fliessende Einnahmen alles erreichbar zu machen scheinen. Der *Sinn für Mass und Mitte* geht in der schwülen Treibhausluft der Überkonjunktur eben nicht

30

allein den Privaten, sondern mindestens ebensosehr den öffentlichen Gewalten verloren. Auch der Bericht (1965) des Bundesrates über den Zustand der Eidgenossenschaft gibt in dieser Hinsicht zu einiger Beunruhigung Anlass. In langer Aufzählung nennt er die zahlreichen, unserem Land noch harrenden Aufgaben, die sich wie *Hydraköpfe* zu vervielfältigen scheinen. Er unterlässt es aber leider, diesen Katalog mit einer konkreten *Prioritätsordnung* zu koppeln, die aufzeigt, wie aus der Vielzahl der Projekte, von denen jedes im einzelnen durchaus erwünscht sein mag, jene auszuwählen sind, deren Verwirklichung im Rahmen unserer beschränkten Kräfte und in Konkurrenz zu den privaten Investitionen bevorzugt anzustreben wäre. Auf die Dauer können wir nicht wie verwöhnte Kinder glauben, unsere Wünsche liessen sich alle auf einmal erfüllen. Heute wird es sich die öffentliche Hand jedenfalls zur Pflicht machen müssen, keine grossen neuen Aufgaben zu übernehmen, sofern für deren *ehrliche* Finanzierung nicht durch Kürzung anderer Aufwendungen oder durch neue ordentliche Einnahmen gesorgt ist. Dabei sollte das Ausgabenvolumen selbstverständlich nicht, wie das in den letzten Jahren der Fall war, schneller ansteigen als das Sozialprodukt! *Disziplin ist der Preis der Freiheit und Selbstbescheidung der Preis der Stabilität.*

Konjunktur und wirtschaftliches Wachstum

In seiner Konjunkturpolitik kann und darf sich unser Land nicht einfach damit begnügen, die Rückwirkungen wirtschaftlicher Wechsellagen kurzfristig so gut wie möglich aufzufangen. Schicksalhaft mit der Weltwirtschaft verbunden, müssen wir gleichzeitig darauf achten, die schweizerische Volkswirtschaft über die Jahre hinweg auf den internationalen Märkten *konkurrenzfähig* zu erhalten. Dazu genügt es keineswegs, allein durch Massnahmen der Konjunkturdämpfung und Teuerungsbekämpfung dafür zu sorgen, dass unser Preis- und Kostenniveau sich gegenüber dem Ausland nicht überhöhe. Vielmehr gilt es auch, unsere Produktionsformen und Produktionsstruktur stets auf der Höhe der Zeit zu halten und in der Wettbewerbspolitik die *schöpferisch-produktive Leistung* zum Zuge kommen zu lassen. Zur Finanzierung der uns so gestellten Aufgaben bedarf es vor allem einer umfangreichen privaten Spartätigkeit, die es nicht zuletzt auch durch geeignete steuerpolitische Mittel zielstrebig zu fördern gilt. Die Entwicklung, die uns aus einem Agrarland in einen Industriestaat umwandelte, geht unaufhaltsam weiter und zieht neue Verschiebungen nach sich. Dabei erscheinen heute jene Wirtschaftszweige besonders begünstigt, die *Spitzenerzeugnisse* der modernen Technik herstellen und *qualifizierte Dienstleistungen* erbringen. Diese Bewegung, auf die unser Land mit seinem fleissigen und gutgeschulten Volk keineswegs schlecht vorbereitet ist, sollte unsere Konjunkturpolitik nicht durch eine unklare oder schwankende Haltung hemmen, sondern im Gegenteil durch eine vorausschaubare Wachstumspolitik unterstützen, die auch die wissenschaftliche *Ausbildung und Forschung* zu fördern hätte. Gewiss sind allzu abrupte Umstellungsvorgänge wirtschaftlich wie sozial gefährlich. Die Zeit ist ein grosser Gentleman: sie bildet auch hier die Voraussetzungen für die Verwirklichung des Guten. Aber wir dürfen ob dem Bestreben, die Umstellungen möglichst schonend zu gestalten, nicht die Erfordernisse eines gesunden Wachstums vergessen: es gilt die Bahn für zukunftsträchtige Entwicklungen freizuhalten, die Kontakte zur Welt sorgfältig zu pflegen und die notwendigen Anpassungen durchzuführen. *Erkennen oder Untergehen ist gerade im Kleinstaat das eherne Gesetz, das über jedem Wirtschaften waltet.*

Schlussbetrachtungen

Meine Ausführungen dürften gezeigt haben, dass die Konjunkturpolitik bei uns kein einfaches Geschäft ist. Vor allem ist es notwendig, sich der beschränkten Möglichkeiten, die ihr in unserem so weltmarktabhängigen und vielgestaltigen Land gesetzt sind, bewusst zu bleiben und so die Gefahr zu vermeiden, in Überschätzung ihrer Wirksamkeit Eingriffe in die Wirtschaftsfreiheit zu treffen, die auf die Dauer zu ernsten Schäden und Verlusten führen mögen. Dazu kommt, dass diese Fragen nicht *isoliert* behandelt werden dürfen, sondern im Zusammenhang mit dem Ge-

32

samtkomplex des politischen, staatlichen und sozialen Lebens zu sehen sind. Gewiss ist die Politik die Kunst des Möglichen, und das Ideal eines völlig abgestimmten Verhaltens mag kaum erreichbar sein. Dessenungeachtet steht die Konjunkturpolitik stets vor der Aufgabe, zwischen divergierenden Aspekten einen *tragbaren Ausgleich* zu erzielen. Für diese ebenso anspruchsvolle wie wichtige Aufgabe gibt es keine Patentlösung. Sie muss vielmehr in echtem Gespräch immer wieder neu errungen werden. Konstruktive Ergebnisse dürfen wir nur erwarten, wenn wir an all diese Fragen mit realistischem Sinn, mit Liebe zur Freiheit und vor allen Dingen *ohne Dogmatik und ideologische Scheuklappen* herantreten. Das setzt die Bereitschaft voraus, den Gedankenaustausch mit unseren Mitbürgern unvoreingenommen zu pflegen, in gesunder Selbstkritik unsere eigenen Werte an jenen der anderen zu messen und im Dienste des Allgemeinwohls sachlich gebotene Kompromisse zu schliessen. Wenn wir nicht gewillt sind, diese geistigen Kräfte aufzuwenden und die der schweizerischen Wirtschaft zugrunde liegenden Tatsachen realistisch zu sehen, so besteht die ernste Gefahr, dass unsere konjunkturpolitischen Bemühungen sich in dirigistischen Eingriffen verlieren und schliesslich im Zentralismus münden. Für unser Staatswesen wie für die Sonderstellung der Schweiz als Kleinstaat in der Weltwirtschaft wäre dies voller Gefahren; denn «die Verbrechen finden» – wie *Chateaubriand* sagte – «in dieser Welt nicht immer ihre Sühne, die Fehler aber werden immer bestraft, erbarmungslos, ohne Ausnahme!».

Konstanten schweizerischer Arbeitgeberpolitik

Der Zweite Weltkrieg hat in den meisten vom Krieg berührten Ländern die politischen, wirtschaftlichen und gesellschaftlichen Strukturen wesentlich umgestaltet.

Der Zweite Weltkrieg als wirtschaftspolitische Zäsur

Die Schweiz war zwar mit einigen wenigen anderen Staaten vom Krieg verschont geblieben; aber auch sie konnte nach 1945 nicht einfach zu den Verhältnissen von 1938 oder früher zurückkehren. In der unmittelbaren Vorkriegszeit ging es in der *geistigen* Auseinandersetzung um die Abwehr nationalsozialistischer und antidemokratischer Einflüsse auf unsere Lebensgestaltung, nach dem Zweiten Weltkrieg aber um die geistige Verarbeitung des Völkerringens und seiner neuen Dimensionen, wie sie unter anderem in der Totalität des Krieges oder in der Atombombe sichtbar geworden waren. *Wirtschaftlich* gesehen, war der schweizerische Produktionsapparat nach dem Zweiten Weltkrieg zwar *intakt*. Aber eine Rückkehr zu *autarkischer* Wirtschaftsgesinnung, wie sie sich im Gefolge der Weltwirtschaftsdepression breitgemacht hatte, hätte weder den Zielen der angestrebten weltwirtschaftlichen Neuordnung noch der auch im Selbstinteresse liegenden Verpflichtung unseres Landes entsprochen, mit seinen intakten Produktivkräften den wirtschaftlichen Wiederaufbau der Weltwirtschaft zu fördern. Dazu kam, dass das Kriegserlebnis bzw. die damit sichtbar gewordene Existenzbedrohung aller die *Solidarität* etwas stärker als die lediglich auf die Einzelpersönlichkeit bezogene Denkweise hervortreten liess.

Aber nicht nur die im In- und Ausland veränderten Verhältnisse und Denkweisen verhinderten ein einseitiges Zurückfallen in die Vorkriegsordnung. Hinzu trat, dass *wichtige* Fragen unserer staatlichen und wirtschaftlichen Ordnung in den unmittelbaren Vorkriegsjahren zwar erkannt und aufgegriffen worden waren, aber nicht vollständig gelöst werden konnten. Erinnert sei beispielsweise an die Neuordnung der Wirtschaftsartikel der Bundesverfassung und des schweizerischen Sozialversicherungssystems durch die Schaffung der Alters- und Hinterlassenenversicherung.

Auch im Ausland stand die Zeit um 1948 deutlich im Zeichen der Überwindung der Kriegsfolgen. Man spürt den «*Zeitgeist*», den Aufbruch der Menschen zu neuen Zielen. So setzte sich, zwar nicht sofort, aber doch nach und nach, das marktwirtschaftliche und *liberale* Element in den Wirtschafts- und Währungsbeziehungen der westlichen Welt wieder stärker durch.

Kooperation aller für alle

Die schweizerische Arbeitgeberpolitik der letzten zwanzig Jahre widerspiegelt die vielen *Akzentverschiebungen* der Wirtschaftspolitik; denn sie kann sich ja nicht im luftleeren Raum abspielen, sondern ist eingebettet in die wirtschaftlichen und gesellschaftlichen Umweltbedingungen. Viele Fragestellungen werden von aussen an sie herangetragen, vom Staate, von der Gesellschaft und von den Sozialpartnern.

Eines der Zentralprobleme war immer aber die Frage von *Lohn, Arbeitszeit* und *Sozialleistungen*. Damit hat sich die Arbeitgeberpolitik in den letzten zwanzig Jahren wohl am meisten befassen müssen. Dennoch sind dies nicht eigenständige, sondern abgeleitete Probleme, abhängig und in ihrer Lösung wesentlich von der wirtschaftlichen Ertragskraft der gesamten Volkswirtschaft bestimmt.

Schon deshalb darf das *Produktivitätsargument* bei der Behandlung dieser Fragen nicht fortlaufend unter den Tisch gewischt werden. Es liegt in der Natur der Sache, dass die Arbeitnehmerorganisationen dabei als *Fordernde* auftreten können, die zudem ihres Sieges schliesslich deshalb einigermassen sicher sein dürfen, weil ihre materiellen Forderungen mit der Zeit – wenn alles gut geht und wir die mit den grossen neuen Problemen vor uns liegenden Proben bestehen – verwirklicht werden müssen, nicht etwa, weil sich das Recht letzten Endes gegenüber dem Unrecht durchsetzt, sondern ganz einfach, weil dann die steigende wirtschaftliche Ertragskraft des Landes die Verwirklichung solcher Forderungen nach und nach erlaubt. Ebenso eindeutig sind aber *Aufgabe und Verpflichtung der Arbeitgeberpolitik,* die Forderungen auf das gesamtwirtschaftlich Vertretbare zu *beschränken,* damit weder eine gefährliche Überbeanspruchung der wirtschaftlichen Ertragskraft eintritt noch die Grundlagen für eine Stärkung dieser gesamtwirtschaftlichen Ertragskraft in Zukunft *zerstört* oder beeinträchtigt werden.

Darin ist wohl der gemeinsame *Nenner* aller arbeitgeberpolitischen Aktionen und Überlegungen zu finden. Sie sind dem Ziele untergeordnet, die Unternehmen und damit auch die gesamte Wirtschaft konkurrenzfähig zu erhalten, und zwar nicht nur in statischem, sondern auch in dynamischem Sinne; denn Wirtschaften ist nun einmal ein *dynamischer* Prozess, in dem reine Statik zur Erstarrung und damit zum wirtschaftlichen Untergange führt. Dies gilt nicht nur für den wirtschaftenden Menschen, für die Unternehmen; dies gilt besonders auch für die Volkswirtschaft als Ganzes, für unser Land mehr noch als anderswo, können wir uns doch gegenüber weltwirtschaftlichen Einflüssen viel weniger abschirmen. Dynamik ist in erster Linie eine *geistige Einstellung,* die bereit ist, das Neue zu erkennen und zu verarbeiten – und damit ein Prozess der *Evolution.* Diese Evolution hat in den letzten zwei Dezennien ungleich grössere Ausmasse erreicht, als vielfach angenommen wird; denn sie zeigt sich nicht nur in äusseren Strukturänderungen, sondern ebensosehr in kleineren und kleinsten Einheiten, die nicht spektakulär, aber dennoch von entscheidendem Gewicht sind.

Kontinuität in der Arbeitgeberpolitik

Veränderte Umweltbedingungen, evolutionäre Entwicklungen im Innern und eine beinahe ununterbrochene, in ihrem Ausmasse früher nie erahnte Leistungssteigerung der Wirtschaft haben Akzente und Blickwinkel der Arbeitgeberpolitik in den letzten Jahrzehnten oftmals verschoben. Die entsprechenden arbeitgeberpolitischen Massnahmen können aber keineswegs als widersprüchlich bezeichnet werden, sondern waren im Grunde genommen sehr *konstant,* selbst wenn im Laufe der Jahre wesentliche Änderungen zu verzeichnen waren.

Die Kontinuität zeigte sich im Ziele, dem die Massnahmen dienten, und diese waren immer auf die *Erhaltung der Konkurrenzfähigkeit* der Wirtschaft als Ganzes und der organischen Entwicklung unseres Landes ausgerichtet. Ob dieses Ziel immer erreicht werden konnte, ob also Haltung und Massnahmen unter den jeweiligen Umständen immer zielkonform waren, ist in diesem Zusammenhang nicht einmal das Wesentlichste; sicher wäre verschiedenes anders gestaltet worden, hätte man alle Konsequenzen immer voraussehen können. Aber wirtschaftliche und geistige Entwicklungen lassen sich nun einmal nicht in starre und in allen Teilen kalkulierbare Formeln einfangen.

Die Grundlage einer fruchtbaren Arbeitgeberpolitik ist eine *freiheitliche* Wirtschafts- und Sozialordnung; denn diese Ordnung erlaubt es dem Individuum, sich, seinen Kräften gemäss bestmöglich zu entfalten. Diese Ordnung ist zwar nicht frei von Mängeln, aber lebendig und begünstigt persönliche Initiative, Freude am Risiko und den *Verantwortungssinn;* sie lässt sich dabei unter Kontrolle halten, ist also, mit Umsicht gefördert und – wo es sich als nötig erweisen sollte – von Auswüchsen befreit, das Wirtschaftssystem, das am meisten unserer *demokratischen* Staatsform entspricht.

Die freiheitliche Wirtschafts- und Sozialordnung, für die die Arbeitgeber immer wieder eintraten, ist aber nur lebensfähig, wenn sie mit *Verantwortung* gepaart ist: Verantwortung gegenüber dem *Betrieb,* Verantwortung gegenüber den *Mitarbeitern* und Verantwortung gegenüber der *Allgemeinheit.*

Die dreifache Verantwortung

Aus dieser dreifachen Verantwortung leiteten sich einige Wesenszüge der Arbeitgeberpolitik ab. Diese ist einmal auf eine Steigerung der Leistungsfähigkeit der Betriebe und auf Stärkung der schweizerischen Wirtschaft im internationalen Konkurrenzkampf auszurichten. Der allgemeine *Volkswohlstand* kann nur dann gesteigert werden, wenn die Wirtschaft immer leistungsfähiger wird. Das setzt aber voraus, dass der *Arbeitswille* der Bevölkerung erhalten bleibe, die *Arbeitszeit* nicht allzu rasch verkürzt werde und dass *Investitionen* möglich werden, die es der Wirtschaft erlauben, rationeller zu produzieren. Diese Überlegungen begründen auch die arbeitgeberpolitische Haltung, mässigend auf die Forderungen der Sozialpartner und des Staates einzuwirken; denn der wirtschaftliche Fortschritt entsteht nicht durch sich ständig überbietende Forderungen. Er erwächst einzig aus Intelligenz und Arbeit, Einsatzwillen und Vernunft. Mit einer *wirksamen* Erhöhung der Produktivität kann man das Los der Völker wesentlich *mehr* verbessern als mit einer blossen Umverteilung des Volkseinkommens, wobei nicht die gesetzgeberische Tätigkeit der Parlamente diese notwendigen Produktivitätsverbesserungen herbeiführt, sondern Unternehmertätigkeit und *Unternehmerinitiative* einerseits, Leistungs- und Qualitätsbewusstsein der Arbeitnehmer andererseits.

Aber nicht nur wirtschaftliche Überlegungen stehen hinter der Forderung, überlegt und Schritt für Schritt vorzugehen. Kontinuität und harmonisches Wachstum entsprechen auch der menschlichen Natur, und «wenn der Sinn für Mass verlorengehe», so betonte Dr. L. *Derron,* der verdiente langjährige Direktor der Geschäftsstelle des Zentralverbandes schweizerischer Arbeitgeber-Organisationen, verschiedentlich, «setze man sich nicht nur der Gefahr von Rückschlägen aus, sondern verliere auch die *Basis* der freiheitlichen Wirtschafts- und Gesellschaftsordnung; denn wenn es dem Menschen in einer sich überstürzenden Zeit nicht mehr möglich werde, die Probleme, die es zu lösen gelte, zusammenhängend und in den richtigen Proportionen zu sehen, könne der Mensch auch nicht mehr an schöpferischen Werken teilhaben und auf diese Weise den Sinn seiner Anstrengungen empfinden.»

Von diesen Grundlagen aus entwickelten sich die *Grundgedanken* für die Weiterentwicklung der *sozialen Sicherheit und ihrer Grenzen*. Die allgemeine soziale Sicherheit findet nicht nur in der Eigengesetzlichkeit der wirtschaftlichen Voraussetzungen eine Grenze, sondern ebensosehr in der Gefahr der Missachtung *psychologischer* Daseinsbedingungen des Menschen, dem wir – wenn er mündig und wahrhaft verantwortlich sein will – nicht jede Vorsorge aus eigenem Entschluss abnehmen können. Ein zwangsläufig mit dem Streben nach möglichst umfassender sozialer Sicherheit verbundenes staatliches Versorgungssystem endet in einer eigentlichen *kollektiven Vormundschaft* des Staates über den Menschen, gepaart mit organisatorischem Leerlauf, Gleichmacherei und Formularkrieg. «Alle diese Nebenerscheinungen der Massenbeglückung», hielt *Derron* deshalb fest, «geben der persönlichen Initiative und der eigenen Lebensgestaltung, damit aber auch einer gesunden Lebensfreude den Todesstoss». Die Begehrlichkeit, welche eine zu weit gehende soziale Sicherheit weckt, lässt nämlich die Opferwilligkeit und Opferbereitschaft, ohne die kein Gemeinwesen bestehen kann, verkümmern. Eine soziale Sicherheit, die dem Gedanken der *Selbstverantwortlichkeit* zu kleinen Raum lässt, setzt daher Gefahren, die das *Fundament* eben jenes Staates, der diese soziale Sicherheit gewährleisten soll, bedrohen. Es wäre etwa die Frage zu stellen, wieviel soziale ‹*Befürsorgung*› der Mensch erträgt, ohne seelisch und moralisch, aber auch körperlich Schaden zu nehmen, und wie viele ‹*Wohltaten*› eine Wirtschaft über den Lohn hinaus liefern kann, ohne selbst krank zu werden.

Die Überspannung des Gedankens der sozialen Sicherheit geht auch unweigerlich und immer mehr auf Kosten der sozialen *Gerechtigkeit*. Man denke bloss an das Prinzip des Leistungslohnes, gegen dessen Verletzung der Mensch stets und in aller Zukunft rebellieren wird. Nicht vergessen werden darf endlich, dass der *materielle* Glücksbegriff notwendigerweise genau so im Nihilismus endet wie die ungehemmte Staatsintervention im politischen Totalitarismus. Beides bedeutet aber Untergang jeder sozialen Sicherheit in höherem Sinne.

Die beiden Gefahren in der Entwicklung der Sozialpolitik, nämlich das Versprechen sozialer Leistungen *über* die wirtschaftliche Basis hinaus und die Missachtung der menschlichen Individualität durch Überspannung des Gedankens der sozialen Sicherheit, haben die Arbeitgeber in der Schweiz immer wieder hervorgehoben, nicht um die echten sozialen Bedürfnisse abzuweisen, sondern um im Sinne ihrer Verantwortung gegenüber dem Betrieb, den Mitarbeitern und der Allgemeinheit Raum zu schaffen für den Menschen und der freiheitlichen Wirtschafts- und Gesellschaftsordnung adäquatere Lösungen.

Arbeitgeberpolitik ohne Schlagworte

Das Verantwortungsbewusstsein gegenüber dem Betrieb, den Mitarbeitern und der Allgemeinheit hat auch die Arbeitgeberpolitik gegenüber den *Gewerkschaften* geprägt, wobei sie – um die Brücken nicht abzubrechen, die Beziehungen nicht zu vergiften und den Arbeitsfrieden zu erhalten – bereit war, sehr weitgehende *Zugeständnisse* zu machen. Aber ebenso deutlich waren die *Grenzen* einer solchen Zusammenarbeit abgesteckt. Wohl am deutlichsten werden diese durch folgende *Marksteine* gekennzeichnet: Erhaltung der freiheitlichen Wirtschaftsordnung, Steigerung der Produktivität und Bewahrung der Konkurrenzfähigkeit der schweizerischen Wirtschaft als Vorbedingung für steigenden Wohlstand unserer Bevölkerung. Mit der Verteidigung dieser Gesichtspunkte verfolgte die Arbeitgeberpolitik *keine* egoistischen Ziele, sondern versuchte lediglich, mit allen Kräften zu vermeiden, was die wirtschaftliche und soziale Zukunft unseres Landes belastet.

Arbeitgeberpolitik ohne Schlagworte, aber auch Arbeitgeberpolitik im wirtschaftlichen wie politischen Raum, für die reichliche materielle Güterversorgung ein sehr wichtiges, aber nicht das *einzige* Ziel ist, weil wir die Marktwirtschaft und den verantwortlichen Unternehmer auch um der *Freiheit willen* verteidigen, das ist eine arbeitgeberpolitische Haltung, die nicht von den Zeitumständen abhängig ist.

Der Finanzplatz Schweiz als Schicksal

Die Tatsache, dass sich heute nicht allein Bankiers, sondern weite Kreise unseres Volkes mit der Stellung der Schweiz als internationales Finanzzentrum, seinen Arbeitsbedingungen, Leistungen und Aussichten beschäftigen, stimmt etwas nachdenklich. Denn die Besinnung auf Wesen und Funktion der Geldwirtschaft tritt oft erst ein, wenn sich Krankheitssymptome zeigen. «Ce n'est pas par la normalité mais par la pathologie que l'on est introduit dans la physiologie d'un marché financier», heisst es in einem bekannten Werk über die internationalen Finanzplätze. So stellt sich die *bange Frage,* ob die im Gange befindliche Diskussion auf echte Schwächen hindeutet oder ob sie lediglich einen Ausfluss jenes helvetischen Malaise bildet, das im Sinne des Wortes «Le roi s'ennuie» desto grösser zu werden scheint, je stärker der Wohlstand – und die Freizeit – zunimmt. Dieser Fragestellung im einzelnen nachzugehen, ist bei der Komplexität eines mit dem gesamten wirtschaftlichen und sozialen Geschehen eines Landes eng verwobenen Finanzplatzes im Rahmen eines Vortrages selbstverständlich nicht möglich. Vielmehr kann es hier nur darum gehen, in *groben Konturen* einige wichtige Wesensmerkmale des Finanzzentrums Schweiz herauszuschälen und sie mit verschiedenen Problemen zu konfrontieren, denen unsere Volks- und Geldwirtschaft heute gegenübersteht.

Zunächst gilt es festzustellen, was ein Finanzzentrum eigentlich ist. Üblicherweise wird es als *Knotenpunkt des Kapital- und Geldverkehrs* bezeichnet, und das Adjektiv «international» wird ihm zuerkannt, wenn es neben einheimischen auch ausländische Gelder anzieht und diese Mittel sowohl innerhalb wie ausserhalb der Landesgrenzen anlegt. Aus dieser Definition ergibt sich, dass zu einem Finanzplatz wesensnotwendig ein gutausgebauter, schlagkräftiger Apparat gehört, der die Kapitalien wirkungsvoll zu sammeln und einzusetzen versteht.

In der Schweiz sind diese Strukturmerkmale seit langem vorhanden, allerdings mit einer wichtigen Ausnahme, auf die zurückzukommen sein wird. Dass die schweizerische Geldwirtschaft betont international orientiert ist, braucht man nicht weiter auszuführen, das pfeifen ja schon die Spatzen vom Dach, nicht allein bei uns, sondern in aller Welt, wo ihr Gezwitscher freilich oft etwas neidvoll klingt. Ebenso bekannt ist die wohlentwickelte, reichgegliederte finanzielle Organisation unseres Landes. Aber sie allein sagt wenig darüber aus, was die Schweiz als internationales Finanzzentrum von anderen Plätzen, wie New York, London oder Paris, unterscheidet, was es ihnen voraus hat, wo seine Schwächen liegen, welche Besonderheiten es aufweist und welche Probleme sich daraus ergeben. Um diesen Fragen näherzukommen, ist es notwendig, die massgebenden Kräfte, welche Entwicklung und *Charakter des schweizerischen Finanzplatzes* bestimmen, kurz vor dem geistigen Auge Revue passieren zu lassen.

«Zur Armut gehört die Klugheit»

Eine Rolle spielt zunächst die geographische Lage des Landes im Herzen Europas, am Schnittpunkt der grossen Handelswege zwischen Nord und Süd, Ost und West, die je und je zu intensiven geschäftlichen und finanziellen Kontakten mit dem Ausland Anlass gab. In der gleichen Richtung wirkt sein Anteil an drei Weltsprachen, seine Rolle als gern besuchtes Ferienland sowie die Armut des schweizerischen Bodens, welche den Aussenhandel für uns stets zu einer Lebensnotwendigkeit machte. Aber es ist dies der *Aussenhandel eines kleinen Landes,* dessen Dimensionen keine natürliche kommerzielle Grundlage für ein Finanzzentrum von internationalem Zuschnitt bilden. Im Gegensatz etwa zu New York, London oder Paris, die sich auf den umfangreichen Handelsverkehr eines meist durch riesige überseeische Gebiete wirtschaftlich noch erweiterten Grossraums abstützen können, ruht der *Finanzplatz Schweiz auf schmalem Fundament;* er ist deshalb auch gegenüber Massnahmen, die seine Funktionsfähigkeit beeinträchtigen mögen, *besonders empfindlich,* kann er doch nicht damit rechnen, dass begangene Fehler allein durch das Gewicht der ihn tragenden Wirtschaftsmacht weitgehend korrigiert werden. Zur Armut gehört, wie Euripides sagt, die Klugheit.

Geist des Föderalismus

Der Struktur des schweizerischen Lebensraums und seinem föderalistischen Staatsaufbau entspricht eine betont *dezentralisierte Geldwirtschaft.* Kann der Finanzplatz anderswo einfach durch eine Stadt, wie New York oder Paris, lokalisiert werden, so wird im Falle unseres Landes gewöhnlich generell vom Finanzzentrum Schweiz gesprochen. Diese abweichende Terminologie ist kein Zufall; sie hat offenkundig ihren Grund darin, dass das schweizerische Wirtschaftsleben und damit der Kapitalverkehr nicht auf ein einziges Zentrum hin konvergiert, sondern sich auf *mehrere Finanzplätze* ausrichtet, die nur im gegenseitigen Zusammenspiel internationales Gewicht erhalten.

Stark gegliedert ist unsere Geldwirtschaft aber auch in organisatorischer Hinsicht. Während der Kreditapparat anderer Staaten meist von einer beschränkten Zahl gewaltiger Institute dominiert wird, stehen bei uns neben den Grossbanken die Kantonalbanken, und an diese zwei Bankkategorien reihen sich zahlreiche weitere Firmen. In ähnlicher Weise stehen in der Versicherungswirtschaft und bei den Holdinggesellschaften grosse, mittlere und kleine Firmen Seite an Seite. So kennzeichnet den schweizerischen Finanzapparat eine *Vielfalt,* welche, die Gefahr hegemonistischer Tendenzen mindernd, staatspolitisch bedeutende Vorteile besitzt, aber, wie das im Leben ja gewöhnlich der Fall ist, auch Schwächen aufweist.

Die schweizerische Eigenart

Von hervorragender Bedeutung für den Finanzplatz Schweiz war selbstverständlich der Umstand, dass sich unser Land dank eines gütigen Schicksals, verbunden mit dem vorsichtigen, Neutralität und Solidarität glücklich vereinenden aussenpolitischen Kurs, seit langem aus allen internationalen Händeln heraushalten konnte und so zu einem natürlichen Refugium für das verängstigte ausländische Kapital wurde. Mit diesem Moment verlassen wir die rein physischen Bedingungselemente und stossen in den Bereich der *psychologischen und geistigen Einflüsse* vor, die für einen vor allem auf das Vertrauen angewiesenen Finanzplatz besonders wichtig sind. Unter diesen Einflüssen ist neben dem Fleiss wohl an erster Stelle der *Sparsinn* unseres Volkes zu nennen, der trotz aller Fährnisse im ganzen erhalten geblieben ist, so dass unser Land, gemessen am Sozialprodukt, auch heute noch eine der höchsten Sparquoten in der freien Welt besitzt. Das reichliche schweizerische Ersparnisangebot, das in der Regel neben der Deckung des legitimen einheimischen Kreditbedarfs noch für einen ansehnlichen Kapitalexport ausreicht, begünstigte die Ansammlung bedeutender internationaler Reserven. So blieb der Franken selbst in schwierigen Zeiten *im Gold verankert* und *frei konvertibel,* was ihm jenes Vertrauen schuf, ohne das der Finanzplatz Schweiz nie entstanden wäre.

Erwähnen wir noch den Sinn unseres Volkes für individuelle Freiheit und Toleranz, der den Nährboden für unsere traditionelle, heute leider nicht mehr immer ganz gewahrte liberale, weltoffene Haltung abgab. Zählen wir ferner die Achtung vor dem Recht hinzu, so zeigt sich, dass es im wesentlichen die *klassischen bürgerlichen Kardinaltugenden* sind, welche den schweizerischen Finanzplatz schufen und ihn heute noch tragen. Nicht Modernismus, nicht Drang nach Originalität noch der Hang zur Extravaganz, sondern Solidität, Ehrlichkeit, Genauigkeit und nicht zuletzt die voll gesicherte Diskretion sind die *Qualitäten, die den Bankier machen* und ihm das unerlässliche Vertrauen eintragen. Das bestätigen selbst die Künstler und Avantgardisten, die gerne über die ach so langweiligen und engstirnigen Bankiers lamentieren, ihr eigenes Vermögen aber meist nicht erfinderischen Köpfen à la Frank der Fünfte, sondern den bemitleideten Spiessern anvertrauen. Offenbar halten sie es mit Schopenhauer, dessen Privatleben bekanntlich mit seiner Lehre von der Weltentsagung schwer zu vereinbaren war, der aber auf entsprechende Vorhaltungen eines Kritikers erklärte, der Glöckner sei ja bei der Prozession, die er einläute, auch nicht dabei!

Gerade heute ist es am Platze, daran zu erinnern, dass die Banken, wie jeder andere Wirtschaftszweig, zwar auf die Dauer nur florieren können, wenn sie die von der Zeit geforderten Aufgaben erfüllen. Dagegen hängt bei ihnen im Unterschied zu anderen, dem wechselnden Diktat der Mode und Technik stärker unterworfenen Branchen, der Erfolg nicht so sehr von den Neuerungen als von der Beachtung gewisser in nüchterner Erfahrung erarbeiteter *bankpolitischer Grundregeln* ab. So ist es bezeichnend, dass in der Schweiz ein internationaler Bankenplatz entstand, obwohl an der geistigen Wiege des schweizerischen Bankgewerbes kaum ein Schweizer stand. Wie anderswo ging die Entwicklung zunächst von Italien aus; später verliehen ihr vor allem die hugenottischen Glaubensflüchtlinge Auftrieb, und abermals aus Frankreich stammte im 19. Jahrhundert die Idee des Crédit Mobilier, die das Gesicht unseres modernen Finanzapparates prägte. Was wir beitrugen, bestand im wesentlichen darin, die neuen Errungenschaften ohne falschen Stolz zu übernehmen und sie mit helvetischer Gründlichkeit in jene *praktikablen Formen* zu kleiden, die sie vor den anderswo eingetretenen Fehlentwicklungen und Enttäuschungen bewahrten.

Für die schwierig zu leitende *Universalbank* wurden kreditpolitische Regeln erarbeitet, die zwar den Wirkungskreis dieses Bankentyps im Vergleich zu den an ihn ursprünglich geknüpften Erwartungen etwas einengten, die es aber gestatteten, ihn über schwere Zeiten hinweg beizubehalten und zu entwickeln. Dank dieser Institute verfügt die Schweiz heute über breitangelegte Kapitalsammelbecken, welche die Ersparnisse rationell erfassen und einsetzen, gleichzeitig aber auch dem Kunden in allen wichtigen Sparten des Bankgeschäftes zur Seite stehen. Diese anderwärts keineswegs selbstverständliche *Mannigfaltigkeit der Bankdienste* gehört mit zu den Momenten, welche die Schweiz als Finanzzentrum attraktiv machen. Für Entstehen und Ansehen eines internationalen Finanzplatzes sind in erster Linie, so überraschend das klingen mag, nicht internationale Einflüsse massgebend. Entscheidend fallen vielmehr die Kräfte, Massnahmen und Leitbilder ins Gewicht, die das Land, in das er eingebettet ist, beherrschen.

Noch in anderer wichtiger Beziehung hat der schweizerische Sinn für realistische Lösungen unserem Finanzplatz den Stempel aufgedrückt. Zu erwähnen ist zunächst die unseren Vätern wohlvertraute, heute leider etwas in Vergessenheit geratene Tatsache, dass in unserem rohstoffarmen, auf den Verkehr mit dem Ausland angewiesenen Land das *Ausmass der Steuerlasten* einen wesentlichen Faktor bildet, der die Wettbewerbskraft unserer Wirtschaft und damit den Wohlstand unseres Volkes bestimmt. Bedeutsamer noch ist die *Abneigung gegen fiskalische Experimente,* welche die öffentliche Hand zwingt, ihre Ausgaben in der Regel aus den laufenden Einnahmen zu bestreiten, und wenn sie einmal den Ausgleich nicht findet, die benötigten Mittel langfristig aufzunehmen. Diese Einstellung hat zusammen mit der Bewahrung vor Kriegen dazu geführt, dass es in unserem Land *nie eine grössere kurzfristige Staatsschuld* gab. So blieben ihm bisher auch eigentliche inflatorische Entwicklungen erspart, wie sie andere Länder meist wegen der Überbeanspruchung des kurzfristigen Staatskredits mitmachten. Hier zeigt sich, wie sehr sich gesunde Staatsfinanzen und eine gesunde Währung gegenseitig bedingen. Darum führen auch kreditpolitische Eingriffe ohne konjunkturkonformes Verhalten des Staates nicht zum erhofften Erfolg.

Aus dem Fehlen einer grösseren kurzfristigen Staatsschuld erklärt sich auch eine wichtige, meist kaum beachtete Besonderheit unseres Finanzierungsapparats. Gemeint ist der *Mangel eines einigermassen ausgebauten Geldmarktes.* Seine Entwicklung wurde in unserem Land durch das kleine Angebot an Staatspapieren, die sich für die Anlage kurzfristiger Mittel eignen, um so stärker behindert, als auch die schweizerische Wirtschaft am Diskontkredit wenig Gefallen findet. Während bei den anderen grossen Finanzplätzen, wie London, New York, aber auch Paris und Amsterdam, der Geldmarkt dominiert und der Kapitalmarkt eigentlich durch ihn erst internationalen Rang gewinnt, steht der *längerfristige Bereich in der Schweiz durchaus im Vordergrund.* International ist sie als Geldmarkt bedeutungslos; einzig als Kapitalmarkt hat sie Namen und Format, sei es als Emissionszentrum, sei es im Effektenverkehr als Mittelpunkt des Placements, der Vermögensverwaltung, des Kaufs und Verkaufs von Wertpapieren, sei es als Sitz der Administration und finanziellen Kontrolle international tätiger Unternehmen.

Wirtschaftliche Leistungen

Aus der Rolle als Finanzplatz hat unser Land und seine Wirtschaft *erhebliche Vorteile* gezogen. So wirft er wachsende Einkünfte ab. Darüber brachte er wichtige *mittelbare Vorteile*. So halfen die Auslandgelder, zusammen mit der hohen einheimischen Ersparnisbildung, unsere Wirtschaft stets reichlich mit Kapital zu relativ niedrigen Sätzen versorgen und ihr darüber hinaus auf dem Wege des Kapitalexports den Zugang zu den Auslandsmärkten ebnen. Es kommt kaum von ungefähr, dass in der Schweiz gerade die kapitalintensiven exportorientierten Branchen besonders stark entwickelt sind, dass unsere Unternehmen, gemessen an der Grösse des Landes, über sehr bedeutende Auslandinteressen verfügen und dass der wirtschaftliche Strukturwandel, der zu einer Schwergewichtsverschiebung von der Textil- und Nahrungsmittelindustrie zu den stärker auf den Kreditverkauf angewiesenen Investitionsgüterbranchen führte, verhältnismässig glatt vor sich ging. Im Einklang mit diesen Tendenzen ist unsere *Warenausfuhr relativ sehr bedeutend;* sie wuchs zudem gesamthaft schneller an als die anderer entwickelter Länder.

Darum lässt sich wohl mit Recht sagen, dass es *ohne den Finanzplatz Schweiz nicht die heutige schweizerische Aussenwirtschaft* und ohne ihn auch nicht den heutigen schweizerischen Wohlstand gäbe. Der Finanzplatz hat unsere Wirtschaft ebenso geformt, wie sie ihn formte. Beide gehören zusammen; auf die Dauer kann keiner ohne den anderen prosperieren. Gerade hier gilt der Satz: «Wenn der Mantel fällt, muss der Herzog nach.»

Die Macht der Banken

Die Grösse der Banken ist weder primär ein Ausdruck des Prestigewillens oder des Machtstrebens der Banken, sondern in hohem Masse von den wirtschaftlichen Gegebenheiten her bestimmt.

Klisché-Vorstellungen sollten abgebaut werden

Die Macht der Banken verkörpere sich, so wird oft gesagt, nicht so sehr in ihrer Grösse, als in den bedeutenden *Mitteln,* über die sie verfügen. Diese Gelder gehören jedoch, was die Kritiker meist übersehen, nicht ihnen, sondern ihren *Kunden,* und soweit mit diesen Geldern Machtpositionen verbunden sein sollten, stehen sie in erster Linie den Kunden und nicht den Banken zu. Die Macht des Geldes wird hier *zu Unrecht* identifiziert mit der Macht der Banken – ein *Irrtum,* dem vielleicht auch der bequeme, aber in dieser Hinsicht nicht sehr glückliche Ausdruck *Geldinstitut* Vorschub leistet. Gerade in der so *komplexen* und abstrakten Materie des Geld- und Kreditwesens helfen Klisché-Vorstellungen nicht weiter, sondern man muss sich, um Einblick in die Wirklichkeit und wahren Zusammenhänge zu gewinnen, daran gewöhnen, den *Fakten* nachzugehen, die Verhältnisse zu analysieren und die *Nuancen zu wägen.* Leider liegt es darin sehr im Argen.

Nun wird da und dort behauptet, das alles möge wahr und richtig sein, aber die Beteiligungen und die Filialpolitik der Banken zeigten, wie gross ihre wirtschaftlichen Machtpositionen seien. Auch hier kommen wir mit allgemeinen Behauptungen nicht weiter, sondern müssen die Dinge etwas *sorgfältiger* auseinandernehmen. Der Sache nach wäre zwischen Interessennahmen im Finanzbereich und jenen in anderen Wirtschaftssektoren zu unterscheiden. Was den zweiten Fall angeht, besitzen die schweizerischen Banken im allgemeinen *keine* bedeutenden *Beteiligungen* an Unternehmen *ausserhalb des Finanzbereiches.* Und soweit sie solche Interessen haben, stammen sie meist aus missglückten Kreditengagements, zu deren Rettung die Banken *gezwungen* waren, sich auch aktienmässig zu beteiligen. Gerade in letzter Zeit wurden von den Banken aus beschäftigungs- oder strukturpolitischen Gründen solche Interessenahmen verlangt. Nicht selten werden sie aber später ob dieses Engagements *hart kritisiert:* wenn sie erfolgreich waren, wegen ihrer Machtballung, wenn sie scheitern, wegen ihres Fehlurteils und der damit verbundenen Verluste an Reserven.

Viel Aufhebens wird häufig über die Filialgründungen und Interessenahmen der Banken im *Finanzbereich* gemacht, ohne dass die völlig andersartigen, hier massgeblichen Erwägungen beachtet werden. Hauptmotiv bildet der Wunsch der Banken, ihren universellen Charakter zu wahren und so als Ersparnissammelstelle jene Potenz zu erhalten, die es ihnen gestattet, den *legitimen Finanzierungswünschen* der Wirtschaft möglichst umfassend zu dienen. Allerdings mag eine allzu starke Konzentration des Bankapparates in den Händen einer oder zweier Grossbanken politisch unerwünscht sein und auch wirtschaftlich gewisse Gefahren in sich bergen. Von diesem Zustand sind wir in der Schweiz aber *weit entfernt.* Zudem bilden die Kantonalbanken als Staatsinstitute und die zahlreichen kommunalen und genossenschaftlichen Banken einen festen Wall gegen übermässige Konzentrationstendenzen. Ferner kann davon in einer Branche, wo die Zahl der neuen Unternehmen Jahr für Jahr wächst und sich die Marktanteile zwischen den Firmen ständig verschieben, schlecht die Rede sein. Was sich vollzieht, ist weitgehend eine *Strukturbereinigung,* in der kleinere Handelsbanken, die das in der Zeit des Computers hart umkämpfte Massengeschäft nicht mehr kostendeckend pflegen können, verschwinden, während gleichzeitig neue Institute zur Pflege von Spezialgeschäften entstehen, die sehr rentabel sind, aber von den grossen Organisationen nur schwer in befriedigenden Formen gepflegt werden können. Die Kartellkommission hat in einer wettbewerbspolitischen Untersuchung festgestellt, dass im Bankwesen gesamthaft ein fairer und ausreichender Wettbewerb herrscht, eine *bill of health,* deren sich bei weitem nicht alle Wirtschaftszweige zu rühmen vermögen.

Zur Frage des Depotstimmrechtes

Ein weiterer Anlass zur Klage über die Machtposition der Banken bildet das sogenannte *Depotstimmrecht*. Nach dieser Ansicht würden die Banken auf Grund der Stimmen, die sie für die bei ihnen hinterlegten Aktien ihrer Kunden ausüben, die Verwaltungsräte der anderen Unternehmen besetzen und so auf die ganze Wirtschaft einen bestimmenden Einfluss ausüben. Indessen geht auch diese These an der wirtschaftlichen Wirklichkeit und den wahren Verhältnissen unseres Landes vorbei. Drei Punkte gilt es in diesem Zusammenhang zu beachten. Erstens stellen die Banken bei dem so wichtigen Urteil über die Kreditwürdigkeit von Unternehmen nach Tunlichkeit nicht allein auf ihre eigene Meinung ab, sondern suchen die *fachmännische Ansicht Branchenkundiger*. Nicht zuletzt zu diesem Zweck rufen sie in ihren Verwaltungsrat Vertreter praktisch aller Wirtschaftszweige, wie umgekehrt der Bankier sehr oft in die gleichen Gremien der Industrie berufen wird. Diese wechselseitige Beziehung hängt keineswegs in erster Linie mit aktienmässigen Verflechtungen oder dem Depotstimmrecht zusammen – vielmehr werden hier Fachleute berufen, die den Unternehmen Dienste zu leisten haben – der Industrielle in der Bank als Branchenberater, der Bankier in der Industrie als Finanzexperte. So soll von beiden Seiten her der Weg zu einer vernünftigen, *der marktwirtschaftlichen Ordnung gemässen Finanzierung* gefunden werden, die der Gesundheit der Industrie ebenso wie jener der Banken dient. Von dieser Warte aus wird auch der *Irrtum* derer ersichtlich, die glauben, durch Abzählen von Verwaltungsratsmandaten ein Bild über die wirtschaftlichen Marktverhältnisse zu gewinnen. In Wahrheit sagen diese Repräsentanzen darüber kaum etwas aus, viel dagegen über die *fachlichen* Qualitäten jener Personen, die unsere grossen Gesellschaften immer wieder in ihre leitenden Gremien berufen.

Zweitens ist zu berücksichtigen, dass bei zahlreichen Gesellschaften bedeutende Aktienpakete im Besitz bestimmter Personenkreise stehen, welche die Verwaltung der Firma bestellen. Den Banken bleibt in diesen Fällen *kaum* eine Einflussmöglichkeit auf die Geschäftspolitik und die Zusammensetzung des leitenden Personals. Anders scheinen die Dinge auf den ersten Blick bei den echten Publikumsgesellschaften zu liegen. Aber auch hier sind die Möglichkeiten der Banken in Wirklichkeit *begrenzt.* Vor allem dürfen sie schon aus der *rechtlichen* Natur des im Depotstimmrecht liegenden Auftrages in der Generalversammlung und allenfalls in den Verwaltungsräten nicht die Bankbelange in den Vordergrund rücken, sondern müssen dort ihr Gewicht in einer Weise in die Waagschale werfen, wie es dem wohlverstandenen *Interesse der von ihnen vertretenen Aktionäre,* also letzten Endes des Unternehmens, entspricht. Auch ist die *Konkurrenz im Bankgewerbe* zu beachten, die dafür sorgt, dass sich im Depotstimmrecht die verschiedenen Institute teilen und so eine einzelne Bank gewöhnlich nicht einmal theoretisch in der Lage ist, ein Unternehmen zu dominieren. Im übrigen liebe ich den Begriff «Depotstimmrecht» nicht. Er ist auch *falsch,* denn es handelt sich um ein *Vollmachten- und Vertretungsstimmrecht,* das also gemäss den Interessen und Wünschen der Stimmrechtseigentümer ausgeübt werden muss. Für die Banken ist dieses Amt übrigens weniger ein Recht als eine Aufgabe, die sie im Interesse der Wirtschaft möglichst ökonomisch lösen müssen.

Gegen extreme Reformen

Vielleicht mag es scheinen, diese Bemerkungen würden die Sache allzu sehr verniedlichen. Das lag keineswegs in meiner Absicht. Indessen sollen sie die Bedeutung der oft hochgespielten Frage *auf die wahren Proportionen* zurückführen. Dabei verkenne ich nicht, dass das Vollmachtenstimmrecht gewisse Gefahren aufweist und ihm einige Mängel anhaften. Bei einer vernünftigen Praxis lassen sich diese Schwächen jedoch weitgehend ausmerzen; auf eine Beschreibung der technischen Vorkehren, die meine Bank im Kontakt mit anderen zu diesem Zweck getroffen hat, möchte ich hier wegen der Dürre der Materie nicht im einzelnen eingehen. *Gefährlich* wäre es aber, die Lösung statt in derartigen konstruktiven Reformen auf *extremen* Wegen zu suchen und das Vollmachtenstimmrecht völlig oder doch praktisch abzuschaffen. Einmal wäre dies ein schwerwiegender *Eingriff in die Rechtsordnung,* welche die Bevollmächtigung grundsätzlich zulässt. Zudem würde diese übrigens kaum überwach- und durchsetzbare Massnahme leicht dazu führen, dass die für Generalversammlungsbeschlüsse gesetzlich oder statutarisch erforderlichen Quoren nicht aufzubringen sind. Die Folge bestünde aller Voraussicht nach darin, dass sich die Gesellschaften wesentlich leichter als bisher durch die Besitzer relativ bescheidener Aktienpakete beherrschen liessen, analog des an Universitäten praktizierten Gesellschaftsmodells, wo eine aktive Minderheit oft die schweigende Mehrheit dominiert. Der Publikumsaktionär wäre praktisch entrechtet, das Management sässe noch fester im Sattel und die Einflussmöglichkeiten der Banken würden vermutlich steigen. Die meist sehr idealistisch gesinnten *Eiferer* gegen das Vollmachtenstimmrecht hätten auf diese Weise den *Teufel mit dem Beelzebub* ausgetrieben, eine Konsequenz, die einmal mehr zeigt, wie leicht im Bankwesen die an Klischévorstellungen orientierten Massnahmen Ergebnisse zeitigen, die in das Gegenteil des Erstrebten umschlagen. Nur ein ruhiges Urteil, das neben den sachlichen Gegebenheiten auch die psychologischen Reaktionen der Menschen und ihre sich oft nur langsam auswirkenden Meinungen in Rechnung stellt, wird in unserem Gewerbe auf die Dauer die gewünschten Resultate bringen.

Missverstandene Demokratie – Gedanken zur Mitbestimmung in der Bundesrepublik Deutschland

Ernste Sorgen bereiten einige Entwicklungen, die sich in der Bundesrepublik Deutschland abzeichnen und den Bankier, dem die Wahrung der Vermögenssubstanz obliegt, stark *beunruhigen*. Gewiss ist das, was unter der Zauberformel «Mitbestimmung» gemeint wird, ein *wichtiges* Anliegen; zu einem guten Teil ist es bereits in zahlreichen Ländern, in der Bundesrepublik ebenso wie in der Schweiz, im Sinne der *Mitwirkungsrechte* verwirklicht. Ebenso ist es das unbestrittene Recht jeder Regierung, dieses Prinzip in der ihr richtig erscheinenden Weise zu entwickeln, wobei sie natürlich auch an die Folgen denken muss, die sich aus einer nicht sachgemässen Lösung zwangsläufig ergeben. Schliesslich sind es gut und klar geleitete *private* Unternehmen, die Arbeit und Wohlstand verschaffen und den sozialen Fortschritt ermöglichen. Wer setzt sich schliesslich gern in einen Wagen, dessen Fahrer er nicht mehr ganz traut, weil dessen Blick zu sehr von der Strasse und von seinem Ziel abgelenkt wird? Die Zeiten, die vor uns liegen, scheinen jedenfalls nicht für Schönwetterprogramme gemacht.

Um was geht es?

Seit dem 1. Juli 1977 sind nun in der Bundesrepublik die Arbeitnehmer in den Aufsichtsräten *aller* Unternehmen grundsätzlich gleich stark wie die Aktionäre vertreten. Den Schweizer Beobachter, der wohl unbestrittenermassen mit der Demokratie einige Erfahrung besitzt, macht jene Art von Ideologie hellhörig, nach der alles demokratisch legitimiert sein soll, was Geltung und Beachtung verdient, und nach der das Privateigentum an Produktionsmitteln und der Nettogewinn der Unternehmen angeblich keine Legitimität besitzen, obwohl er aus seiner Erfahrung weiss, dass lediglich das private Eigentum und der Sinn für Mass jene Unabhängigkeit und Selbständigkeit schaffen, die nötig sind, die Demokratie im politischen Bereich zu erhalten. Eine *unkritische* Demokratisierung um des Prinzips willen ist eben ebenso gefährlich wie eine Überspitzung des Führungsprinzips. Ganz allgemein stellt heute vieles, was unter dem ideologischen Stichwort «Demokratie» segelt, eine eigentliche *Erosion* der wirklichen Demokratie dar. Aber die Verteidigung des Masshaltens ist meist undankbar und schwierig, weil es einem leicht als Schwäche und Grundsatzlosigkeit ausgelegt wird.

Wenden wir uns nun den *praktischen* Aspekten zu, die schliesslich im Leben der Unternehmen ausschlaggebend sind, so muss ich feststellen, dass die Mitbestimmung bei allen entscheidenden Beschlüssen des Aufsichtsrates – einschliesslich der wichtigen Entscheide über die Berufung der Geschäftsleitung – eine *Patt-Situation,* also eine Entscheidungsunfähigkeit des Aufsichtsrates entstehen zu lassen droht, für die das Gesetz *keine echte Lösung* aufzeigt. Das Resultat dürfte deshalb bei sämtlichen wichtigen Beschlüssen ein Kuhhandel im Aufsichtsrat sein, der einer zielbewussten Unternehmensführung sicher *nicht* dienlich ist. Ferner werden im Innern der Häuser nicht zuletzt wegen des vorgesehenen Wahlverfahrens Spannungen heraufbeschworen, die nichts Gutes versprechen. Auf der anderen Seite werden die Arbeitnehmervertreter mit Verantwortungen belastet, die in gewissem Umfang auf betrieblicher Ebene sicher erwünscht sein mögen, deren Prinzip in der vorliegenden Regelung aber *zweifellos überfordert* wird. Wie sollen die dem Aufsichtsrat paritätisch angehörenden Arbeitnehmer zwischen den nicht selten divergierenden Interessen des Unternehmens und den Wünschen der von ihnen vertretenen Werktätigen in bezug auf Lohn und Sozialleistungen den Ausgleich vollziehen, gleichzeitig aber noch auf längere Sicht für die Sicherheit der Arbeitsplätze und den dafür nötigen Kapitalzustrom sorgen? Ein Balanceakt wird von ihnen erwartet, der auch den Stärksten, Klügsten und Mutigsten in ein auswegloses Dilemma hineinführen muss. Aus solchen Überlegungen heraus haben sich die sicherlich nicht bescheidenen amerikanischen Gewerkschaften bisher von Mitbestimmungsbegehren entschieden distanziert und erblicken ihre Aufgabe nach wie vor allein in der Gestaltung der Arbeits- und Lohnverhältnisse im Betrieb. Die nun in der

Bundesrepublik getroffene Regelung muss *langfristig* fast mit Sicherheit zu einer Unterminierung des Vertrauens in eine weitere überforderte Institution, die Gewerkschaften, führen, die ihren Ausdruck in vermehrten wilden Streiks, in Tendenzen zur Radikalisierung und in einem verstärkten Zwang des Staates finden wird, sich in die Leitung der Unternehmen und der Gewerkschaften einzumischen, also die *Sozialisierung* nolens volens voranzutreiben und so das freiheitliche System der Marktwirtschaft aufzuheben. Zusammenfassend möchte ich sagen, dass ich fürchte, dass durch diese Entwicklung *zwei wichtige freiheitliche Institutionen,* die wirtschaftlichen Unternehmen und die Gewerkschaften, immer mehr *unter staatliche Kontrolle* fallen, dass die Aufsichtsräte verpolitisiert werden und der Weg in diese Aufsichtsorgane durch Beunruhigung an der Basis auch für Linksradikale weit geöffnet wird. Durch die Gegenüberstellung einer paritätischen Arbeitnehmer- und Aktionärbank wird dem einzelnen Aufsichtsratmitglied auch die Möglichkeit freier, *sachgebundener* Entscheidungen weitgehend entzogen, weil die Verantwortung auf ihm lastet, seine Bank nicht im Stich zu lassen. So wird ein völlig fremdes Proporzdenken in dieses Gremium eingeführt, das sich auch auf die Bestellung und Zusammensetzung und die Haltung des Vorstandes auswirken wird. Wenn *die* Kreise zum Zuge kommen, die sich mit dem Marsch durch die Institutionen die Systemveränderung vorgenommen haben, dann finden sie in *diesen Bestimmungen* und den in ihnen liegenden potentiellen Entwicklungen ein *Instrumentarium* vor, das ihnen grosse Chancen einräumt, diese Institutionen für ihre Zwecke zu nutzen, und das dürfte auch nicht ein wohlverstandenes Ziel der Gewerkschaften sein.

Verunsicherung des Risikokapitals

Diese Perspektiven müssen naturgemäss alle jene Kreise, die sich bisher für deutsche Wertpapiere interessierten, *nachdenklich* stimmen, zumal in anderen Ländern, nicht zuletzt den Vereinigten Staaten, eine derartige Aufweichung der Marktwirtschaft nicht in Aussicht steht.

Als Investitionsvehikel sollte die deutsche Aktie langfristig an Reiz verlieren, mit dem Ergebnis, dass das bisher der Bundesrepublik zugeflossene, weltweit ohnedies knappe Risikokapital *abzuwandern* neigt und so die Unternehmensfinanzierung noch kostspieliger macht als bisher. Gegen diese Feststellungen wird häufig eingewandt, in der deutschen Montanindustrie bestehe die jetzt für die gesamte Wirtschaft getroffene Regelung der Mitbestimmung bereits, und trotzdem fänden sich noch Leute, welche diese Titel kauften. Diese Behauptung mag in politischen Versammlungen vielleicht Beifall finden; sie vergisst aber völlig, dass die Mitbestimmung im Montanbereich *historisch* keineswegs zur Stimulierung der Produktion und Entwicklung, sondern eher zur Dämpfung und Niederhaltung dieses nach Ansicht der Alliierten für die Erhaltung des Friedens kritischen Wirtschaftsbereichs eingeführt worden ist. Dementsprechend sind diese Montanwerte für die Anleger *bedeutend weniger attraktiv,* was in ihrer erschwerten Plazierbarkeit zum Ausdruck kommt. Eine lange wirtschaftliche und politische Erfahrung lehrt ganz allgemein, dass regelmässig eine qualitative Veränderung des Verhältnisses der Beteiligten eintritt, wenn man eine Sonderregelung für einen speziellen Sektor auf das Ganze ausdehnt. Auswirkungen auf einem scharf umrissenen Spezialgebiet lassen sich darum *nicht unkritisch* auf eine Gesamtlösung übertragen. Beschränkt negative Auswirkungen einer Ordnung und in einem Sonderfall besagen darum noch keineswegs, dass deren Verallgemeinerung nicht zu schweren Nachteilen führt. Wer sich in einer Ausnahme- und Sondersituation befindet und sich dessen auch bewusst ist, der benimmt sich stets *vorsichtiger;* er tut alles, um seine Sonderlage nicht zu verscherzen und sich nicht zu diskreditieren.

Dieser besondere Ansporn wird aber gedämpft und hinfällig, wenn durch Verallgemeinerungen die jederzeitige Vergleichsmöglichkeit der Sonderlösung mit der allgemeinen Entwicklung beseitigt wird und man durch eine Veränderung seines Verhaltens nicht mehr besonders auffällt und nichts besonderes mehr riskiert. So ist von einer aus der *Ideologie* geborenen und daneben wesentlich von einem Sinn für Einfluss und Macht und dem Wunsch, allgemein eine neue Rolle für die Gewerkschaften zu schaffen, geleiteten Mitbestimmung ganz gewiss *nichts Gutes* zu erwarten. Statt der dringend notwendigen Verbesserung bringt auch das neue Mitbestimmungsmodell eine erhebliche *Verschlechterung der Montanlösung.* Es wird Praktiken fördern, die schon heute die Montan-Mitbestimmung sowohl vom Standpunkt der Wirtschaft wie auch der Allgemeinheit aus betrachtet alles andere als nachahmenswert erscheinen lässt.

Natürlich werden durch die getroffene Mitbestimmungs-Regelung nicht allein Portefeuille-Investitionen betroffen, sondern ebenso sehr die Tochterunternehmen und Beteiligungen, welche zahlreiche schweizerische Unternehmen in der Bundesrepublik unterhalten. Sie alle sehen sich dadurch der *Gefahr* ausgesetzt, die Führungsgremien ihrer deutschen Töchter nicht mehr selber besetzen zu können und so indirekt die *Kontrolle einzubüssen.* Denn die Arbeitnehmervertreter im Aufsichtsrat, die künftig die Parität mit den Aktionärvertretern besitzen sollen, werden nach einem besonderen, recht komplexen Verfahren aus ihrer eigenen Mitte gewählt, in welchem der Eigentümer *kein* Mitspracherecht besitzt. Gewiss bietet das deutsche Aktienrecht gegen die so entstehenden Gefahren Ausweichkonstruktionen an, doch ist kaum zu erwarten, dass sie den Dauertest der Zeit bestehen.

Demokratie und Demokratismus

Diese unerfreuliche Lage wäre noch akzentuiert worden durch die seinerzeit ventilierte sogenannte *Vermögensbildung.* Danach hätten grundsätzlich alle Unternehmen kraft Gesetzes 10 Prozent ihrer Gewinne als Vermögensabgabe abführen müssen, die von besonderen Verwaltungsgesellschaften gesammelt und angelegt werden sollten. Da die Unternehmen diese Abgaben vom steuerpflichtigen Gewinn *nicht* hätten absetzen dürfen, bedeutete der Vorschlag eine harte *Anhebung der Unternehmensbesteuerung,* welche die ohnedies oft ungenügende Rücklagebildung weiter erschweren muss. Wollte das Unternehmen die Vermögensabgabe, wie es nach dem Gesetzesentwurf berechtigt gewesen wäre, durch die Lieferung börsenkotierter Aktien entrichten, hätte es die Titel erst unter Ausschluss der Aktionärsrechte zu schaffen gehabt; damit wäre den *Anteilseignern*, die zum Teil wohl mit den Nutzniessern der Vermögensbildung identisch sind, entsprechend Werte *entzogen* worden. Die Situation drohte zur Groteske zu werden, umso mehr, als es sehr wahrscheinlich ist, dass gutgehende Unternehmen die Möglichkeit, die Abgabe in bar zu entrichten, nützen, ertragsschwächere Firmen dagegen neugeschaffene Titel liefern würden.

Dass auf diese Weise *keine Vermögensbildung* zustande kommen kann, die diesen Namen verdient, braucht nicht betont zu werden. Das vorgegebene Ziel, die breitere Streuung des Vermögens, wird nicht erreicht, dafür aber *syndikalistischen Tendenzen* Vorschub geleistet, die der Grundidee der privaten Eigentumsbildung diametral entgegengesetzt sind. Dazu kommt, dass auch aus dem im Rahmen der Vermögensbildung angesammelten Aktienerwerb binnen kurzem weitere *Mitbestimmungsrechte* abgeleitet würden, die jene Anteilinhaber, die ihre Beteiligung ursprünglich durch eigenen Vermögenseinsatz erworben haben, immer mehr in die *Minorität* versetzen müssten. Vielleicht mögen diese Worte hart klingen; aus der Sicht eines Schweizers, der bisher auf dem Gebiet der Vermögensbildung an die Kraft der Selbsthilfe glaubte, dürften sie aber verständlich erscheinen. Wie weit sich dieser Eingriff mit der Institution des *privaten Eigentums* noch vereinbaren liesse, auch wenn man den Begriff der *Sozialpflichtigkeit* sehr weit interpretiert, bleibe dahingestellt. Man muss sich auch fragen, wer in Zukunft bereit wäre, die für die Leistungskraft der Wirtschaft so wichtigen neuen Unternehmen zu gründen oder die bestehenden Firmen auf aussichtsreicheren, aber mit Risiken verbundenen Gebieten auszubauen.

Mahnung für die Schweiz

Wohl lehrt die Geschichte, dass ökonomische Erwägungen den Gang der Dinge selten entscheidend bestimmen. Aber im Wirtschaftlichen spiegeln sich *politische Grundsatzentscheide*. Eine freiheitliche, menschenwürdige Staatsordnung, in der jeder nach seiner eigenen Façon glücklich zu werden vermag, lässt sich auf die Dauer nur erhalten, wenn sie keinem übermächtigen Einfluss, sei es des Staates, einer Partei oder anderer sozialer Gruppen ausgesetzt ist. Demokratie und Demokratismus sind *verschiedene* Dinge, und ein Maximum an Demokratie stellt nicht zugleich auch ein Optimum dar. In der Tat ist die Demokratie keine Heilslehre, sondern ein Versuch mit praktischen Massnahmen, in dieser unvollkommenen Welt *möglichst viel* Verantwortung und *Freiheit* mit *möglichst viel* Leistung und *Sinnerfüllung* zu verbinden. So haben wir alle, die wir wissen, dass weder der Mensch noch seine Institutionen je vollkommen sein können, die Pflicht, immer wieder nach Möglichkeiten zu suchen, die Welt besser und gerechter zu machen. Dabei gilt es aber der Mahnung *Tocqueville*'s eingedenk zu bleiben, der in seiner lapidaren Form einmal feststellte: «Die von Menschenhand geschaffenen Institutionen sind ihrer Natur nach so unvollkommen, dass es fast immer genügt, die in ihnen verankerten Prinzipien bis zur letzten Konsequenz zu verfolgen, um sie zu zerstören.»

Gewiss liess es sich nach dem Trauma, das das deutsche Volk hinter sich hat, voraussehen, dass die absolute Demokratisierung sich einmal zum grossen Losungs- und Schlagwort und zum hochtourigen Motor der Veränderung und der Überspannung der für den staatlichen Bereich geschaffenen demokratischen Methoden und Werte durch Ausdehnung auf Hochschule, Unternehmung und Wirtschaft entwickeln werde. Es war auch nicht sehr schwer, die ideologischen und interessierten Kräfte zu erkennen, die sich einmal gegenseitig unterstützen würden, um solchen *extremen Forderungen* eine immer grössere Lautstärke zu geben. Dass es gegenüber einer solchen, alle Register ziehenden Propaganda und *Pseudophilosophie* wachsend schwerer werde, der leiseren Stimme einer zweifelnden oder doch zumindest ruhig abwägenden *Vernunft* Geltung zu verschaffen, war wirklich zu befürchten. Trotzdem muss man sich eigentlich wundern, dass die deutschen Unternehmen, die doch diese Entwicklung auf sich zukommen sahen und die in ihrem eigenen Gebiet von Produktion und Handel stets einen so hohen und wachen *Sinn für Anpassung* an den Markt an den Tag gelegt haben, sich nicht früher und intensiver dort der Politik stellten, wo diese tatsächlich gemacht wird, und mit dem Einsatz, der hierfür auch persönlich notwendig ist. Die jüngste Entwicklung führt mich zu dem Eindruck, die deutschen Unternehmer hätten ihre unternehmungspolitische und gesellschaftliche Aufgabe künftig *weiter* zu stecken, denn nur so kann es ihnen wohl gelingen, die zweifellos vorhandenen breiten Kreise hellhörig zu machen, denen die gegenwärtige Entwicklung angesichts ihrer offenkundigen Gefahren gewiss nicht willkommen sein kann. Und diese *Mahnung* gilt heute mehr denn je auch für die *schweizerische* Wirtschaft, der durch die Politik auf verschiedenen Gebieten einiges ins Hauptbuch geschrieben werden soll!

Management: Amerikanisch oder europäisch?

Die Amerikaner weisen gegenüber Europa in der Technik der Unternehmensführung einen unverkennbaren Vorsprung auf. Zum Teil hängt das mit der amerikanischen Lebensauffassung zusammen, die den materiellen Erfolg besonders hoch bewertet und dieser Einstellung gemäss auch die Unternehmungsführung ausgestaltet.

Amerika, hast Du es besser?

Ferner waren die amerikanischen Firmen durch die Tatsache, dass der Produktionsfaktor Arbeit drüben je und je wesentlich teurer war als Boden und Kapital, stärker als europäische Unternehmen auf den Weg der *Produktivitätssteigerung* verwiesen; zudem zwang sie die scharfe Konkurrenz eines grossen einheitlichen Marktes, in dem wettbewerbshemmende Abreden seit langem gesetzlichen Beschränkungen unterliegen, dazu, auf Kostensenkungen, Sortimentswahl und Absatzstrategie grösstes Gewicht zu legen. Es kann deshalb nicht verwundern, dass die Managementtechnik in den Vereinigten Staaten, wie die Namen *Ford* und *Taylor* schlaglichtartig beleuchten, seit langem besonders gepflegt wird, und so war es auch in den letzten Jahren wieder dieses Land, das die durch die Kybernetik und den Computer gebotenen neuen Möglichkeiten der Unternehmensführung konsequent aufgriff.

In Europa mussten sich den in einer grossen Volkswirtschaft geschulten, aggressiv geführten amerikanischen Firmen besondere Gewinnchancen eröffnen, sobald die *Integrationsbestrebungen* ihnen einen Markt in Aussicht stellten, in dem sie ihre in der Heimat gewonnenen Erfahrungen voll auszuspielen vermochten. Tatsächlich konnten die amerikanischen Unternehmen auf ihren Investitionen in Europa Ende der fünfziger Jahre einen um ein Drittel höheren Ertrag als in den Vereinigten Staaten erzielen, und sie zögerten auch nicht, diesen Vorteil, der mittlerweile freilich verschwunden ist, mit der ihnen eigenen Energie durch jene gewaltige *Welle von Direktinvestitionen* zu nutzen, die zur Diskussion über das «défi américain» eigentlich den Anstoss gab. Diese Herausforderung wurde um so stärker empfunden, als die amerikanischen Tochtergesellschaften in gewissem Sinne die europäischsten Unternehmen unseres Kontinents wurden. Statt in nationalen Räumen zu denken, wie es den meisten eingesessenen Firmen immer noch nahe liegt, operierten sie von Anfang an meist mit *gesamteuropäischen* Konzeptionen und schufen in Vorwegnahme des Erfolgs der Integration – sei es durch Neugründungen, sei es durch Fusionen und Übernahmen – Unternehmungseinheiten, die ihrer Erfahrung nach imstande sein sollten, einen Markt von 200 Millionen Menschen optimal zu bedienen.

Dabei zeigten sie selbst in Nebenaspekten dieser Penetration ihre bemerkenswerten Fähigkeiten. So verstanden sie es, den Nachteil der den Angelsachsen eigenen beschränkten linguistischen Fähigkeiten auszugleichen, indem sie die für europäische Unternehmen nur mit einigen Kosten überspringbare Sprachbarriere durch die Verwendung des Englischen als moderne «lingua franca» recht einfach, wenn auch unter Inkaufnahme einiger *Ressentiments,* teilweise ausflankierten. Selbst die ihnen vom Heimatland aus zahlungsbilanzpolitischen Gründen auferlegten Finanzierungshemmnisse vermochten sie nicht zu hindern; denn gestützt auf die Garantie der angesehenen Mutterhäuser vermochten sich die europäischen Töchter die benötigten Kapitalien auf den hiesigen Finanzmärkten zu beschaffen, wobei sie noch gewisse *Vorteile des amerikanischen Aktienrechtes* ausspielten und sich auf unserem Kontinent zeitweise über die Institution von Wandelanleihen Gelder zu günstigeren Bedingungen beschafften, als dies europäischen Firmen meist möglich war.

Kein Anlass zur Furcht in Europa

Alles in allem handelt es sich also um eine bewundernswerte unternehmerische Leistung. Gewiss wäre nun aber nichts gefährlicher, als vorbehaltlos einem Kult des Kolossalen zu verfallen. Denn zweifellos haben manche amerikanische Mammutfirmen das Optimum der Betriebsgrösse bereits überschritten und können so weder in bezug auf Schlagkraft noch rentabilitätsmässig als vorbildlich gelten. Dessen ungeachtet müssen wir uns aber bewusst sein, dass mit der Grösse des Marktes, der sich frei bedienen lässt, auch die Dimensionen der *kostenoptimal* arbeitenden Produktionseinheiten wachsen, wo immer es sich um Serien- und Massenprodukte handelt. Zudem tendieren die modernen unternehmungspolitischen Führungsinstrumente wie der *Computer* dahin, den Umfang der Firmen, die sich rationell bewirtschaften lassen, zu steigern.

So stellt sich den europäischen Firmen die Aufgabe, von den amerikanischen Techniken des Managements, des Verkaufs und der Produktion in einem grossen einheitlichen Markt zu lernen. Die Anforderungen wechseln in dieser Hinsicht selbstverständlich je nach dem Produkt und nach den technischen Voraussetzungen der Branche, so dass sich allgemeine Regeln nicht aufstellen lassen. Je nach Wirtschaftszweig mag hier die Kooperation und der Zusammenschluss, dort die bewusste Spezialisierung der angemessene Weg sein. So oder so dürfte die *Luft des Wettbewerbs* aber in den nächsten Jahren rauher werden und manches überholt erscheinen lassen, was uns gewohnt und liebenswert ist, ja was uns heute noch völlig gesichert oder sogar fortschrittlich dünkt.

Gegen diese Tendenzen der Zeit sich durch konkurrenzhemmende, *poujadistische* Massnahmen wehren zu wollen, wäre sicherlich ein Fehler. Denn die amerikanische wirtschaftliche Präsenz in Europa wird grundsätzlich nicht, wie Manche glauben, das Konkurrenzgefälle zwischen den Vereinigten Staaten und dem alten Kontinent verschärfen. Im Gegenteil trägt diese Bewegung dazu bei, das amerikanische unternehmerische Wissen *breiter* zu streuen. Die europäische Antwort kann daher nur in einer dynamischen zukunftsweisenden Politik liegen, die Europa nicht zu einem Museum macht, sondern ihm die *Chance echter Partnerschaft* in der modernen industriellen Welt verschafft. Und wenn nicht alles trügt, so hat sich die Wirtschaft unter dem Druck der Realitäten bereits für diese dynamische Lösung entschieden, während die Regierungen zum Teil leider nur zögernd folgen.

Mit dieser Zukunftsvision ist nun keineswegs das Bild einer Wirtschaft gezeichnet, die von Riesengesellschaften beherrscht wird. Vielmehr wird der Grosskonzern, wie das heute schon in Amerika zutrifft, auch künftig die Ausnahme bleiben, neben der für zahlreiche grössere und kleinere Unternehmen ein breites Tätigkeitsfeld besteht. In der Tat gehören zu den Trägern des wirtschaftlichen Fortschritts vor allem an den Randgebieten des Wissens und der Technik oft die *kleineren Unternehmen,* die beweglicher, anpassungsfähiger und – vielleicht lässt sich sarkastisch sagen: «Der Not gehorchend, nicht dem eignen Trieb» – gewöhnlich auch risikowilliger sind.

Dazu kommt, dass der technische Fortschritt nicht einseitig die Grösse prämiiert, sondern stets neue Tätigkeitsbereiche für kleiner dimensionierte Unternehmen eröffnet. Denken wir etwa an die Automobilindustrie, wo die Giganten der Branche einer grossen Zahl unabhängiger Unternehmen neue Arbeitsgebiete erschlossen, oder erinnern wir an das Bankwesen, wo trotz der Klagen über die Konzentration um die Grossbanken herum ständig neue Institute entstehen, die freilich meist nicht die althergebrachten Sektoren bearbeiten, sondern vor allem auf Gebieten wirken, die den Grossen weniger leicht zugänglich sind, wie etwa *Spezialaufgaben* auf dem Gebiete der Anlageberatung oder der Aussenhandelsfinanzierung. So eröffnen sich dem initiativen, anpassungsfähigen Unternehmer ohne Rücksicht auf die Grösse in einer freien Wirtschaft immer wieder neue, *rentable Geschäftsmöglichkeiten;* in der Elastizität und der Bereitschaft, diese Möglichkeiten zu nutzen, liegt der hohe Wert jenes mittelständischen Unternehmers, der, niemandem – weder Staat noch Grossindustrie – verpflichtet, erhobenen Hauptes einherzugehen vermag und so kraft seiner Unabhängigkeit, kraft aber auch seines Urteils und Mutes jene Stütze bildet, derer ein wahrhaft freier demokratischer Staat bedarf.

Von grosser Tragweite ist in diesem Zusammenhang nicht zuletzt die Frage der *Unternehmerausbildung,* in der wir von den amerikanischen Erfahrungen ebenfalls einiges lernen können. Wenn es selbstverständlich auch hier nicht um ein einfaches Kopieren amerikanischer Methoden gehen kann, so steht zweifellos fest, dass unsere wirtschaftlich und technisch in raschem Wandel und Fortschritt begriffene Welt wachsende Anforderungen an die Kenntnisse und Anpassungsfähigkeit der Führungskräfte der Unternehmen stellt. Je länger desto weniger wird, von den Ausnahmefällen des genialen Unternehmers abgesehen, der herkömmliche Typ des in der Praxis gebildeten Fachmannes allein genügen. Dieser Sachlage gemäss sind in Europa eine Reihe von Schulen für moderne Unternehmensführung entstanden, so nicht zuletzt in unserem Land, wo die von der *Nestlé* betreute IMEDE internationalen Rang und Namen hat. Zudem mehrt sich die Zahl junger Talente, welche die grossen amerikanischen Schulen, wie die *Harvard School of Business Administration,* besuchen.

Aber damit allein ist es nicht getan. Es gilt, die gehobene Ausbildung auf der Universitäts- und Mittelschulebene zu verbessern und zu verbreitern, in verschiedenen Belangen vielleicht aber auch wirtschaftsnäher zu gestalten. Die Tatsache, dass zahlreiche grosse amerikanische Universitäten den Charakter privater Institutionen tragen und dadurch in ihrer Finanzierung eng mit der Wirtschaft verbunden sind, mag ebenfalls eine Rolle bei der bemerkenswert starken *gegenseitigen Befruchtung* von Wirtschaft und Wissenschaft in den Vereinigten Staaten gespielt haben. Natürlich können wir in unserem Land nicht die gleichen Wege beschreiten, doch sind wir bestrebt, ähnlichen Zielen durch die *Gründung von Universitätsinstituten* zu dienen, die das Forum steten Kontakts zwischen Wirtschaft und Wissenschaft bilden sollen. Aber um diese höhere Bildung einer breiteren Schicht unserer Jugend zugänglich zu machen, bedarf es auch eines Ausbaus der Mittelschulen. War die grosse Tat des 19. Jahrhunderts auf dem Schulgebiet die Schaffung der schweizerischen Elementarschule, so wird die Aufgabe unserer Zeit nicht zuletzt darin liegen müssen, auf diesem noch immer hervorragenden Unterbau die vom 20. Jahrhundert geforderten höheren Bildungsstufen aufzubauen. Das sind Aufgaben, deren Lösung von unserem Volk erhebliche Opfer und Anstrengungen erfordert. Aber *in der Jugend liegt die Zukunft der Nation,* und nur wenn wir unsere Kinder mit dem von der Zeit geforderten Wissen ausstatten, wird sich unser Land behaupten können.

So führen unsere Betrachtungen zum «défi américain» mitten hinein in wichtige Zukunftsfragen unseres Landes. Dass dem so ist, kann nicht verwundern, spiegeln sich doch im «défi américain» letzten Endes die Probleme unserer modernen, mit einer in der Vergangenheit fast nie beobachteten Geschwindigkeit sich wandelnden Welt. Es ist ein grosser Tag der Geschichte, gekennzeichnet offenbar durch den *Aufbruch zu neuen Ufern* und neuen Zielen. Wirtschaftlich und technisch stehen wir in einer Epoche einzigartiger Möglichkeiten, in einer Zeit freilich auch mit dunklen Unterströmungen und beladen von Ängsten und düsteren Erinnerungen, vielleicht auch in einem Augenblick, wo viele nun nach einem Sinn des ganzen Daseins fragen und sich mit der Antwort der modernen Leistungsgesellschaft allein nicht zufrieden geben wollen. In dieser Phase gegensätzlicher, schwer überblickbarer Kräfte an unserem Ort und mit unseren Mitteln zu versuchen, unserem Land seinen Platz in der Zukunft zu sichern, ist die uns überbundene Pflicht. «*Was du ererbt von deinen Vätern hast, erwirb es, um es zu besitzen.*»

Soll der Wechselkurs wechseln?

Unter dem Eindruck der Währungsschwierigkeiten, denen sich die Welt in den letzten Jahren gegenübergestellt sah, hat sich die *Diskussion um die Wechselkurspolitik* stark belebt. Zahlreiche Wissenschafter vertreten die Ansicht, ein Übergang von festen zu flexiblen Kursen würde aussenwirtschaftlich bedingte Störungen der Wirtschaftspolitik ein für allemal beseitigen und Regierungen wie Notenbanken in die Lage versetzen, ihre Massnahmen ohne Rücksicht auf die Lage der Zahlungsbilanz zu treffen. Demgegenüber sind die Praktiker einschliesslich der Notenbankleiter zwar bereit, über wechselkurspolitische Fragen zu diskutieren. Sie glauben aber, dass ein wie immer geartetes System flexibler Wechselkurse – soll es den von der Wissenschaft erwarteten Erfolg zeitigen – von den Staaten eine *noch grössere wirtschaftspolitische Disziplin* voraussetzt, als dies unter einem System fester Paritäten der Fall ist.

Erfahrungen der Geschichte

Prima vista setzt den praktischen Bankier, wie es der Verfasser dieser Zeilen ist, die Diskussion über das Pro und Contra stabiler und flexibler Wechselkurse deshalb immer in gewisses Erstaunen, weil er den Eindruck hat, die Welt habe bereits über beide Systeme einen *reichen Schatz an Erfahrungen* gesammelt, die eine durchaus eindeutige Sprache reden. An den Leistungen gemessen, so scheint es ihm, muss ein unvoreingenommener Betrachter selbst unser heutiges, stark kritisiertes Währungssystem, das grundsätzlich auf *zu festen Kursen frei umtauschbaren Devisen* ruht, als durchschlagenden *Erfolg* bezeichnen. Es hat der Welt seit dem Zweiten Weltkrieg eine Expansion des internationalen Handels um jährlich 7,2 Prozent gebracht; das sind einmalig hohe Wachstumsraten, die nur noch in der Zeit vor 1913, also des Goldstandards, annähernd erreicht worden sind. Auch blieb allen Industrieländern die *Vollbeschäfti-*

gung seit 1945 grosso modo erhalten; dem Ringen um die *Preisstabilität* waren zwar keine überzeugenden, aber bis vor kurzem doch angemessene Ergebnisse beschieden. Auf der Grundlage der stabilen Wechselkurse bildeten sich Devisenmärkte von noch nie gekannter Breite, wobei der rege internationale Handel und Geldverkehr vor allem dem *Termingeschäft* nachhaltige Impulse verlieh. So entstanden nicht zuletzt die *Euromärkte,* die erstmals in der Geschichte der Weltwirtschaft die Nationen auch finanziell untereinander so eng verzahnten, dass sich die zwischenstaatlichen Geldbewegungen, dem Zinsgefälle folgend, rasch und reibungslos vollziehen. Dadurch wird nicht nur die Finanzierung der Welthandelsumsätze erleichtert, sondern auch die Entwicklung der materiell rückständigen Länder *gefördert,* die trotz der bekannten Probleme während des letzten Vierteljahrhunderts im ganzen einen durchaus beachtlichen Aufschwung nahmen. So lässt sich ohne allzu grosse Übertreibung sagen, dass unser heutiges durch die Institution des Währungsfonds, der Notenbankkooperation und im Prinzip auch der Sonderziehungsrechte verbesserte Währungssystem die *beste und entwicklungsfähigste internationale Zahlungsordnung* bildet, welche die Welt je kannte.

Gewiss ist ein derart stark integriertes Währungssystem höchst empfindlich und zwingt die Staaten in ihrer Politik zur verstärkten gegenseitigen Rücksichtnahme. Wie wir im modernen Flugverkehr mit den nun wohl bald Überschallgeschwindigkeit erreichenden Grossflugzeugen nicht mehr frank und frei am Himmel herumkutschieren können, sondern strikten Reglements folgen und zudem die Bedürfnisse des Umweltschutzes berücksichtigen müssen, so ist es auch in der Währungspolitik nicht mehr möglich, sich so zu benehmen, als ob man sich noch in der wirtschaftlich und technisch einfacheren Welt vor zweihundert Jahren befände, wo die Einflussnahme auf den Wechselkurs über die durch die hoheitlichen Finanzbedürfnisse diktierte Münzverschlechterung gang und gäbe war. Der Übergang vom monetären Nationalismus zu einer echten internationalen Währungsordnung mit stabilen zwischenstaatlichen Kursen, wie er sich unter dem System des *Goldstandards* vollzog, stellt aus dieser Sicht einen zivilisatorischen Fortschritt ersten Ranges dar, ohne den unsere heutige Weltwirtschaft, mit allen ihren wohlstands-

72

mässigen Vorteilen, kaum möglich geworden wäre. Dieser Fortschritt lässt sich selbstverständlich nur erhalten, wenn bei den Staaten die Bereitschaft vorhanden ist, sich gewissen internationalen *Spielregeln des währungspolitischen Wohlverhaltens* zu unterwerfen, wie sie nicht zuletzt auch in den Statuten des *Währungsfonds* verankert sind. Eine besondere Verantwortung obliegt naturgemäss den *Leitwährungs*ländern, die sich ebenfalls den Regeln des von ihnen dirigierten Systems unterwerfen müssen. Dass dies im Falle der *Vereinigten Staaten* leider heute nicht ganz zutrifft, ist die grosse Schwäche unserer Währungsordnung, die letzten Endes auch den Hauptanlass zu der so regen monetären Diskussion liefert. Zu glauben, dass sich die aus dieser Schwäche resultierenden Probleme durch den Übergang zu flexiblen Wechselkursen beseitigen lassen, könnte sich leicht als gefährlicher *Trugschluss* erweisen, wie wir zu zeigen versuchen werden.

So oder so sind die historischen Erfahrungen mit flexiblen Wechselkursen im Gegensatz zu jenen mit festen ausgesprochen *schlecht.* Das gilt einmal für die dreissiger Jahre, als der Dollar vorübergehend und das Pfund für eine Reihe von Jahren zu flexiblen Wechselkursen übergingen. Nach fast übereinstimmender Ansicht vieler Autoren, die diese Zeitspanne untersuchten, haben die wechselkurspolitischen Experimente die Wirtschaftslage nicht verbessert, sondern die Krise im Gegenteil *verschärft.* Die drei damals führenden Wirtschaftsmächte, nämlich die *Vereinigten Staaten, Grossbritannien* und *Frankreich,* sahen sich denn auch veranlasst, zur Abwehr weiterer Störungen 1936 in dem berühmten «tripartite agreement» von der Idee flexibler Wechselkurse abzurücken. Ebenso arbeitete dieses Kurssystem in den zwanziger Jahren höchst unbefriedigend. So kommt *Ragnar Nurkse* in seiner bekannten Studie «L'Expérience monétaire internationale» (Genf 1944) zu folgenden Schlussfolgerungen über die fluktuierenden Wechselkurse:

«L'expérience a montré que, en dehors d'un contrôle des changes, le seul moyen efficace d'empêcher les perturbations causées par les mouvements du change dont nous avons parlé est la stabilisation directe du marché des changes par la méthode des ventes et des achats officiels, dont le mécanisme de l'étalon-or, la technique des fonds de stabilisation des changes, et le simple ‹blocage› des cours par la banque centrale constituent les principales variantes.»

Diese Feststellung gab im Schrifttum zu einigen Kontroversen Anlass; in einer sorgfältigen Studie «Speculation in the Flexible Exchange Revisited» hat *R. Z. Aliber* kürzlich den Fall des französichen Francs, der von 1919 bis 1926 keinen festen Wechselkurs hatte, erneut untersucht. Seine Analyse bestätigt im ganzen die Thesen Nurkses, wobei in unserem Zusammenhang vor allem nachstehende Passage Beachtung verdient:

> «The large and growing discount on the forward franc suggests speculators were seeking to profit from further depreciation of the franc and were not simply hedging against further increases in French prices.»

Die politische Unrast in Frankreich und der Welt sowie der hohe Liquiditätsgrad der französischen Wirtschaft förderten nach Aliber die Baissespekulation, die über die Verteuerung der Einfuhr und die Verbilligung des Exports immer wieder neue Impulse zur Geldentwertung nach innen und aussen gab. Diese *destabilisierende Devisenspekulation* war für Frankreich mit erheblichen volkswirtschaftlichen Kosten verbunden, die Aliber auf jährlich mehrere Prozent des Bruttosozialproduktes veranschlagt und die schliesslich die Restabilisierung erzwangen.

Gegenüber diesen eher bedrückenden Erfahrungen wird heute von den Befürwortern flexibler Wechselkurse oft der Fall Kanadas ins Treffen geführt, wo dieses von 1950 bis 1962 praktizierte und im Mai 1970 wieder eingeführte System zur Zufriedenheit gearbeitet haben soll. Dass diese These nicht ohne weiteres zutreffen kann, liegt auf der Hand, wäre doch sonst kein Grund ersichtlich, warum Kanada die flexiblen Wechselkurse je aufgegeben hat. Tatsächlich ist die kanadische Erfahrung keineswegs eindeutig. Soweit flexible Wechselkurse mit dem kanadischen Beispiel gerechtfertigt werden, erscheint die Beweisführung nicht zwingend.

Die flexiblen Wechselkurse und die Politik

Von den Bewegungen der Wechselkurse wird in der Literatur, wie mir scheint, eine Wiederherstellung des Gleichgewichtes am Devisenmarkt im wesentlichen aus einem wirtschaftlichen und einem psychologischen Grund erwartet. Der wirtschaftliche Teil des Arguments geht von der

These aus, eine Entwertung der Landeswährung und damit eine Verteuerung der fremden Devise mache die nationale Wirtschaft konkurrenzfähiger, beeinträchtige dagegen die Wettbewerbskraft des Auslandes; die eigene Ausfuhr an Waren und Diensten werde so angeregt, während die Einfuhr sinke; einem steigenden Angebot an Devisen stünde bald eine schrumpfende Nachfrage gegenüber, so dass sich die Kurse allmählich auf dem wirtschaftlich gerechtfertigten Gleichgewichtsniveau einpendeln würden. Dieses etwas vereinfacht dargestellte Argument erscheint wenig überzeugend. Auf- und Abwertung sind nämlich keine symmetrischen, sondern asymmetrische Vorgänge, und angesichts der *Vollbeschäftigungsdevise,* der sich unsere Zeit verschrieben hat, kann man sich an den Fingern ausrechnen, wie lange die Behörden einen beschäftigungshemmenden Anstieg der Landeswährung hinnehmen würden. Dagegen ist die konjunktur- und beschäftigungsbelebend wirkende Baisse der Wechselkurse politisch weit akzeptabler, selbst wenn die gute Konjunktur um den Preis verstärkter inflatorischer Tendenzen erkauft werden muss. Die Gefahr ist deshalb nicht von der Hand zu weisen, dass sich die Nationen unter einem System flexibler Wechselkurse in einen *endlosen Zirkel kompetitiver Abwertungen* einlassen und so die für unsere freiheitlichen Staatsformen gefährliche Entwertung der Kaufkraft des Geldes zusätzlich fördern. Wollen sie dieser Konsequenz aus dem Wege gehen, so steht zu befürchten, dass sich die Länder mit harten Währungen gegen die beschäftigungspolitisch unerwünschte Konkurrenz der Weichwährungsländer durch *dirigistische Eingriffe* zur Wehr setzen. Das böse Wort vom *Valutendumping* wird wieder erschallen und zur Begründung von Zollerhöhungen, Handelskontingenten und Devisenrestriktionen herhalten müssen. Anstatt zur erhofften Befreiung des Handels- und Zahlungsverkehrs könnten die flexiblen Wechselkurse leicht zu einem Rückfall in das Gestrüpp der *Handels- und Devisenkontrollen* führen, mit all den Folgen, die das für die Weltwirtschaft und den Wohlstand der Nationen haben müsste.

Dazu kommt ein weiterer Punkt. Die von den Wechselkursbewegungen erhofften wirtschaftlichen Anpassungsvorgänge brauchen Zeit und vermögen die Verhältnisse am Devisenmarkt nur *langsam* zu beeinflussen. Sodann werden die Wechselkurse auch durch Kapitalbewegungen beeinflusst, die, wie Direktinvestitionen oder Aktienkäufe, mit Zinsverhältnissen oder Währungsbefürchtungen wenig zu tun haben, sondern eigenen wirtschaftlichen Gesetzen folgen. Damit eine so entstandene Ungleichgewichtslage, die, wie gezeigt, bei flexiblen Wechselkursen zu kumulativen Prozessen führen kann, beseitigt wird, sollte die Spekulation rasch einsetzen, um durch die entsprechenden Käufe und Verkäufe das Kursgleichgewicht herzustellen. Zu diesem Vorgang vermögen notabene die Banken, die den Devisenmarkt handhaben und seine Aussichten am ehesten beurteilen können, *nichts* beizutragen, da sie ja bei flexiblen Wechselkursen durch den Aufbau und die Reduktion von Fremdwährungsanlagen im geldwirtschaftlichen Apparat Anpassungen auslösen, welche die Wiederherstellung des Zahlungsausgleichs erschweren. Die Last des Ausgleichsmechanismus ruht daher auf den Schultern der dem Banksektor nicht angehörenden Personen und Firmen, die am Devisenmarkt im Sinne der Gegenspekulation handeln sollten, also, wie bereits erwähnt, ähnlich den Währungsbehörden bei stabilen Wechselkursen ihre Guthaben in der im Kurs steigenden Währung abbauen und dafür jene in der schwachen Währung vermehren müssten.

Ob sie zu diesem Verhalten veranlasst werden können, hängt selbstverständlich von ihrem Urteil über die künftige Kursentwicklung ab. Nun liegt es in der Natur des Menschen, sein Handeln an den in der Vergangenheit beobachteten Trends zu orientieren und diese in die Zukunft zu verlängern. So dürfte sich die an der Börse entwickelte Sentenz «La baisse amène la baisse» und der umgekehrte Satz von der Hausse, welche die Hausse nach sich zieht, bei flexiblen Kursen auch am Devisenmarkt geltend machen. Gewiss gibt es stets einen Punkt, an dem eine Währung preisgünstig und eine andere teuer ist. Die Frage ist aber, wo dieser Punkt liegt und welche Gewinnchancen geboten werden müssen, um das Publikum zur Gegenspekulation anzuregen. Bei stabilen Paritäten, wo die möglichen Abweichungen nach oben und unten durch die Bandbreite bestimmt sind, liegen die Dinge in dieser Hinsicht klar und einfach. Die Gegenspekulation ist gefahrlos, ihre Richtung bekannt und so werden sich an ihr jene breiten Schichten von Geldbesitzern willig beteiligen, die das

Risiko möglichst meiden, sich dafür aber mit relativ bescheidenen Erträgen zufriedengeben. Ohne Reiz sind dagegen solche Geschäfte für den an hohen Gewinnchancen interessierten, risikowilligen Anleger, der unter unserem Währungssystem denn auch seinen Tummelplatz anderswo, nicht zuletzt am Aktienmarkt, sucht.

Völlig anders präsentieren sich die Dinge bei flexiblen Wechselkursen. Hier bestehen für die Devisenspekulation *keine festen Orientierungshilfen;* auch ist es, von besonders gelagerten Ausnahmefällen wie dem Kanadas abgesehen, praktisch *unmöglich,* sich von der natürlichen Gleichgewichtslage der Wechselkurse ein konkretes Bild zu machen. Die Devisenspekulation birgt so erhöhte Gefahren in sich, und entsprechend werden sich die auf Sicherheit bedachten Investoren, die sie bei festen Paritäten tragen, aus ihr zurückziehen. Die risikowilligen Anleger werden aber an ihr erst Interesse finden, wenn die Gewinnchancen durch starke Kursausschläge fühlbar erhöht sind. So kommt es offenbar nicht von ungefähr, dass bei flexiblen Wechselkursen heftige Fluktuationen am Devisenmarkt oft anzutreffen sind, die ihrerseits wieder Anlass zu neuen monetären Spannungen und *pathologischen Erscheinungen* geben. Der Glaube, den Devisenmarkt ganz sich selbst überlassen zu können, dürfte sich deshalb als trügerisch erweisen. Tatsächlich haben die kanadischen Behörden von 1950 bis 1962 wiederholt am Markt interveniert, und heute suchen sie das Geschehen abermals in dieser Form zu beeinflussen.

Die Wirklichkeit scheint somit den flexiblen Wechselkursen wegen der ihnen innewohnenden Instabilität *keine Dauerchancen* zu geben: fast zwangsläufig entwickeln sie sich zu behördlich manipulierten Kursen. Diese manipulierten Kurse vermögen den automatischen geldpolitischen Anpassungsmechanismus, den feste Paritäten gewährleisten, zwar ebenfalls nicht zu sichern. Sie schalten aber einige Systemschwächen vollflexibler Wechselkurse aus und vereinfachen die Anpassung des Aussenwertes der Währungen, wie sie in Zeiten stark unterschiedlicher nationaler Inflationsraten wiederholt notwendig werden mag. Ob dieser Vorteil allerdings gegenüber dem schweren Nachteil des breiten Ermessensspielraumes, den manipulierte Wechselkurse den Behörden einräumen, stark ins Gewicht fällt, ist höchst zweifelhaft. Dadurch, dass die Notenbank bei diesem System den die ganze Volkswirtschaft beeinflussenden Aussenwert der Währung bestimmt, wird von politischer Seite her die Tendenz zum Zugriff auf die Zentralbank verstärkt, und da *der Staat in der Geschichte stets der grösste Inflator war,* ist nicht daran zu zweifeln, dass diese Form der Wechselkurspolitik als Dauerinstrument die Bereitschaft schwächen muss, die für eine freiheitliche Wirtschaftsordnung so schädliche Teuerung zu bekämpfen. Gleichzeitig wird, wie wir es heute schon in Ansätzen erleben, die Währungspolitik vermehrt zur Zielscheibe harter ausländischer Kritik, was im zwischenstaatlichen Verkehr *zusätzliche politische Reibungsflächen* entstehen lässt, die nicht nur dem internationalen Handeln, sondern dem Zusammenhalt des ganzen freien Westens auf die Dauer abträglich sein müssen.

Schlussfolgerungen

So erwecken diese Betrachtungen den Eindruck, als ob die wenig befriedigenden Erfahrungen, die mit flexiblen Wechselkursen in der Vergangenheit meist gemacht wurden, nicht allein historischen Zufällen zuzuschreiben sind. Vielmehr dürften sie zu einem guten Teil im Mechanismus des Systems begründet sein, der es höchst labil und Erschütterungen gegenüber empfindlich macht. Gewiss liessen sich die gröbsten Schwächen durch eine ausgesprochen zahlungsbilanzorientierte Wirtschaftspolitik beheben. Aber damit würde der flexiblen Wechselkursen nachgesagte Vorteil, die Möglichkeiten einer national orientierten Wirtschaftspolitik zu erweitern, praktisch dahinfallen. Zweifellos mögen flexible oder manipulierte Wechselkurse in einzelnen Ländern vorübergehend nützliche Dienste leisten. Vermutlich könnte sich die Welt unter erheblichen Schwierigkeiten auch einem Währungssystem anpassen, in dem die einzelnen Valuten untereinander zu flottierenden Kursen austauschbar sind. Aber zweifellos vermöchte dieses System nicht jene Entfaltung der wohlstandssteigernden zwischenstaatlichen Arbeitsteilung zu gewährleisten, die uns das erprobte System stabiler Paritäten beschert hat. Ohne nationale Währungsdisziplin lassen sich – was immer man in der Wechselkurspolitik tut – eine wirklich internationale Zahlungsordnung und eine Weltwirtschaft, die diesen Namen verdient, nicht erhalten.

Anmerkung des Verfassers: Vorstehender Aufsatz ist im März 1971, also vor der Freigabe des Wechselkurses der DM und vor dem Mitte August erlassenen amerikanischen Goldembargo geschrieben worden. Seither hat der Ablauf der Dinge die darin entwickelten Ansichten leider mit bedrückender Präzision bestätigt.

Warum ist der Bankier anders?

Das Verhältnis zwischen Industriellem und Bankier zu umreissen, bereitet erhebliche Schwierigkeiten. Die Beziehungen zwischen beiden Berufen sind keineswegs einfach, sondern verschlungen und komplex: Seite an Seite mit gleichlaufenden Interessen und Zielen stehen Konflikte und Meinungsverschiedenheiten, die zu Spannungsverhältnissen führen. Wie real diese Differenzen sind, bringt eine Unzahl *kritischer Äusserungen* zum Ausdruck. Erinnert sei, um aus zahlreichen Beispielen nur einige herauszugreifen, an den rachsüchtigen Geldverleiher Shylock in *Shakespeares* berühmtem «Kaufmann von Venedig» oder wesentlich neueren Datums an *Dürrenmatts* «Frank der V.». Erwähnt sei ferner das sarkastische Wort *Mark Twains,* nach dem der Bankier «ein Mensch ist, der seinen Schirm verleiht, wenn die Sonne scheint und der ihn sofort zurückhaben will, wenn es zu regnen beginnt». In ähnlichem Sinn wird den Banken oft nachgesagt, Einrichtungen zu sein, die Geld mit Freude jenen verleihen, die sorgfältig nachweisen, dass sie es nicht brauchen. Und der grosse Industrielle *Henry Ford* meinte: «Bankleute denken nur in Geldformeln. Eine Fabrik ist für sie ein Institut, nicht um Waren, sondern um Geld zu produzieren».

Die Skepsis gegenüber dem Bankier, die diese Aussprüche widerspiegeln, ist weit verbreitet. Umgekehrt verrate ich gewiss kein Geheimnis, wenn ich Ihnen sage, dass es die Bankiers unter sich an Skepsis und *Sarkasmus gegenüber ihrer Umwelt* ebenfalls nicht fehlen lassen; geistreich und humorvoll zu sein, hat bisher noch keinem Bankier geschadet. Aber der erfolgreiche Bankier ist nicht immer, wie man auf Grund des Studiums von Festschriften gelegentlich glauben könnte, als ein Mensch zu definieren, der sozusagen am laufenden Band Aphorismen zur Lebensweisheit in druckfertiger Form von sich gibt, sofern er nicht gerade damit beschäftigt ist, einem neuen grossen Wirtschaftszweig auf die Beine zu helfen, segensreich in die Regierungsgeschäfte einzugreifen oder die Kultur und Wissenschaften zu fördern. Mit diesem Klischébild eines *Über-*

menschen im Biedermeierstil hat die allgemeine Wirklichkeit in der Tat wenig gemein. Indessen darf es dem Bankier schon aus Berufsgründen an kritischem Geist nicht fehlen, und so liegt es fast in der Natur der Sache, dass die *leichte Persiflage* an den Zuständen der Welt zur Tradition des Bankgewerbes gehört, einer Tradition, die weit in die Vergangenheit zurückreicht, wie das resignierte Wort des berühmten *Jakob Fugger* über ein kostspieliges Unternehmen seines ebenso berühmten Kunden, des Kaisers Maximilian, zeigt: «Ich glaube wohl», so sagte Fugger, «Seine Majestät wird das Geld schon *aus meinem Säckel* geben».

Wurzeln des Spannungsverhältnisses

Zwischen dem Bankier und seinem Kunden besteht also zweifellos eine gewisse Polarität der Ansichten. Diese Polarität ist bereits oft festgestellt und gelegentlich auch untersucht worden. Ihr wichtigster Grund wird häufig in *atavistischen Vorbehalten* gesehen, die aus jener längst vergangenen Zeit stammen, in der die Kirche das Zinsennehmen verboten hat und der Beruf des Geldverleihers als unehrenhaft galt. Ein weiteres Motiv bildet die Verdammung des Mammons und die Angst vor dessen Macht. Zieht man noch die Parolen von der Brechung der Zinsknechtschaft, der Entmachtung der Hochfinanz und Ähnliches in Rechnung und berücksichtigt man ferner, wie schwer die Tätigkeit des Bankiers sich veranschaulichen lässt, so wird es verständlich, dass es jene, die von Berufs wegen mit dem Geld umgehen, schwer haben, *im guten Sinne populär* zu sein; dies um so mehr, als sie ja ihre konkrete Arbeit zur Wahrung des Vertrauensverhältnisses gegenüber ihren Kunden mit dem Schleier des Geheimnisses umgeben müssen, was unserer geschwätzigen Gegenwart, die ein Kulturkritiker nicht ganz zu Unrecht als *Zeitalter der Indiskretion* bezeichnete, offenbar besonders schwer verständlich ist.

All diese Ursachen für den Argwohn und das Misstrauen, denen der Bankier in weiten Kreisen begegnet, beleuchten zweifellos manche charakteristische Facette des Sachverhaltes. Sie reichen aber, wie mir scheint, allein schwerlich aus, um das uns interessierende Problem, das

Verhältnis zwischen Industriellem und Bankier, erschöpfend zu klären. Denn hier stehen sich die Vertreter zweier Berufe gegenüber, die sich nicht an irrationalen Gefühlswerten zu orientieren pflegen, sondern gewohnt sind, ihre Ansichten auf nüchterne kaufmännische Erwägungen zu gründen. Will man den Sachverhalt daher klären, so wird die forschende Sonde recht tief anzulegen sein.

Den besten Ausgangspunkt dafür dürfte wohl die paradox klingende Feststellung bieten, dass gerade das gegenseitige Abhängigkeitsverhältnis der beiden Wirtschaftszweige zur Trübung der Atmosphäre beigetragen haben mag. An der Wiege des modernen Bankwesens stand bekanntlich vor allem das Bestreben, leistungsfähige finanzielle Organismen zur Befriedigung des sprunghaft steigenden Kapitalbedarfs zu schaffen, den die erste industrielle Revolution entstehen liess. Von dieser Warte aus gesehen sind *die heutigen Banken eigentlich Kinder der Industrie.* Umgekehrt wäre aber auch eine Industrie im heutigen Sinne ohne leistungsfähige Banken undenkbar. Beide Branchen sind aneinander gewachsen; sich gegenseitig stützend und befruchtend, sind sie *echte Partner,* die den Weg des Fortschritts und Aufstiegs gemeinsam gehen.

Der Einfluss von Marx

Auf diese enge innere Zusammengehörigkeit hat *Karl Marx* in seinem berühmten, vor hundert Jahren erschienenen Werk «*Das Kapital*» zum erstenmal mit Nachdruck hingewiesen; gleichzeitig hat er diesen an sich zweifellos richtigen Tatbestand aber zu jener Interessengemeinschaft der Kapitalisten umgebogen, die schliesslich über die Auspowerung der Massen zur kommunistischen Revolution, zu jener, wie sich *Proudhon* ausdrückte, Expropriation der Expropriateure führen soll, die den Weg ins kommunistische Paradies bereitet. In der marxistisch angehauchten Literatur nahm denn auch der Bankier seither den etwas fragwürdigen Ehrenplatz einer Schlüsselfigur im kapitalistischen Prozess ein. In seinem heute noch in mancher Hinsicht bemerkenswerten Buch «*Das Finanzkapital*» hat *Rudolf Hilferding* den Sachverhalt mit folgenden lapidaren Worten umschrieben: «Die früher getrennten Sphären des industriellen, kommerziellen und Bankkapitals sind jetzt unter die gemeinsame Leitung der hohen Finanz gestellt, zu der die Herren der Industrie und der Banken in inniger Personalunion vereint sind. Diese Vereinigung selbst hat zur Grundlage die Aufhebung der freien Konkurrenz der Einzelkapitalisten durch die grossen monopolistischen Vereinigungen ...»

Der Bankier wäre somit nicht Partner, sondern würde mit der Zeit *Herr der Industrie;* er würde zum Finanzmagnaten, der das ganze Wirtschaftsleben der Nation in seinem Griff hielte. Tatsächlich mühten und mühen sich linksgerichtete Publizisten, die damit zeigen, warum sie die Verstaatlichung der Banken wünschen, immer wieder mit dem Versuch ab, die zunehmende Macht derselben über die Industrie nachzuweisen. Dass sie dabei keinen Erfolg hatten, vermag nicht zu verwundern. Prüft man nämlich den Sachverhalt, so zeigt sich, dass auch in diesem Bereich der Gang der Geschichte *keineswegs im Sinne der marxistischen Prophezeiungen* verlief.

Historisch gesehen, scheint der Bankier den Höhepunkt seines Einflusses kurz vor dem Ersten Weltkrieg, also in den Jahren erreicht zu haben, da Hilferding schrieb. Seither ist dieser Einfluss fühlbar zurückgegangen, bedingt zu einem schönen Teil wohl durch den Umstand, dass unsere modernen, wohlhabenden Volkswirtschaften ein umfangreiches Ersparnisangebot liefern und damit auch die *Machtstellung schwächen,* die mit der Kontrolle über den besonders knappen Produktionsfaktor Kapital verbunden war. Gewiss unterhalten die Banken – wie könnte es anders sein – nach wie vor enge Beziehungen zur Industrie; denn die Wirtschaft zu finanzieren, ist ja ihre eigentliche Aufgabe. Aber diese Kontakte weisen von Land zu Land und von Unternehmen zu Unternehmen unterschiedliche Intensität auf; bald sind sie enger, bald lockerer. Von einer Dominanz der Banken kann in der westlichen Welt heute aber generell nirgendwo die Rede sein, schon gar nicht in der Schweiz, wo die Kreditinstitute, an der aktienmässigen Verflechtung gemessen, eindeutig dem Typus der *industriefernen Bank* zuzuordnen sind. Trotzdem lässt sich kaum bestreiten, dass Marx und seine Schüler mit ihrer These vom Hegemoniestreben der Banken auch in durchaus bürgerlichen Köpfen einiges dazu beitrugen, die Atmosphäre zwischen den beiden grossen Wirtschaftszweigen zu trüben und Misstrauen dort zu säen, wo aus der Natur der Dinge und der gegenseitigen Interessenlage heraus eigentlich eine *rückhaltlose Zusammenarbeit eine Selbstverständlichkeit* sein sollte. Der Gerechtigkeit halber ist freilich anzufügen, dass die wissenschaftlich lange vertretene, heute jedoch abgelegte Ansicht, nach der produktiv bloss jene Wirtschaftszweige sind, die materielle Güter erzeugen, das etwas kühle Klima mitverschuldete.

... und von Fourastié

Die *modernen Lehrmeinungen* haben den Spiess in dieser Hinsicht nun allerdings fast umgekehrt und damit leider *neuen Anlass zur Verwirrung* geschaffen. Gemeint ist das unter dem Namen des französischen Forschers *Fourastié* bekannt gewordene Theorem, dass in der hochentwickelten Volkswirtschaft unserer Zeit der sogenannte tertiäre Sektor schneller als der sekundäre wächst, mit anderen Worten – um es konkreter, wenn auch vielleicht weniger wissenschaftlich auszudrücken – dass die Dienstleistungsgewerbe heute tendenziell auf Kosten der verarbeitenden Industrie rapid an Boden gewinnen. So richtig diese Theorie in ihrem Kern sein mag, scheint ihre Verallgemeinerung da und dort *irrige Vorstellungen* geweckt zu haben. Wohl begünstigt der steigende Volkswohlstand, der die Befriedigung neuer Luxusbedürfnisse gestattet, im ganzen die Dienstleistungsgewerbe. Indessen dürften der Mangel an Arbeitskräften und die lohnbedingten Preissteigerungen bei den personalintensiven Diensten dieser Entwicklung mit der Zeit Grenzen setzen. So ist auch hier dafür gesorgt, dass die Bäume nicht in den Himmel wachsen. Zudem gehören zu den nach Fourastié besonders favorisierten Branchen *keineswegs die Banken;* vielmehr zählen hierzu vor allem Unternehmen, die den Freizeitsektor bearbeiten oder Bedürfnisse erfüllen, die, wie der Gewässerschutz, Strassenbau, die Kultur oder soziale Sicherheit, sehr oft in die Kompetenz der öffentlichen Hand fallen.

Nun mögen die Filialgründungen und die rasch wachsenden Bilanzsummen der Kreditinstitute in unserem Land bei jenen, die den Dingen etwas ferner stehen, den Eindruck eines hemmungslosen, das Theorem Fourastiés offenbar bestätigenden *Expansionsdranges* erweckt haben. Geht man dem Sachverhalt aber auf den Grund, so präsentiert sich ein etwas *anderes Bild.* Auf den Einwohner berechnet, ist die Zahl der Bankniederlassungen heute etwa gleich gross wie Ende der zwanziger Jahre.Seit Beginn der Weltwirtschaftskrise sind die Banken bei uns stets mit einem Personalbestand von von 1 bis 2 Prozent aller Erwerbstätigen ausgekommen. Im ganzen haben die Kreditinstitute somit *bei ihrer Expansion massgehalten* und sich lediglich darauf beschränkt, Rückstände und Mängel zu beheben, die sich in ihrer Organisation teils während der trüben dreissiger und vierziger Jahre ergeben haben, teils infolge des raschen Wachstums der anderen Branchen entstanden waren. Da der Geld- und Kreditapparat die Grundlage der modernen Wirtschaft bildet, liesse sich mit einigem Recht sagen, dass die Ausgaben der Banken zum Ausbau ihrer Dienste echte Infrastrukturinvestitionen darstellen, die nicht zuletzt auch den Belangen der Industrie dienen.

Warum ist der Bankier anders?

Zwischen Banken und Industrie besteht somit auf weiten Bereichen eine echte Interessengemeinschaft, deren sie sich freilich nicht immer voll bewusst sind. Gewisse, das gegenseitige Verständnis störende Elemente liegen aber, wie mir scheint, in der *unterschiedlichen Arbeitsweise* von Industrie und Banken, die zur Folge hat, dass die beiden Branchen im Grunde auch Menschen mit unterschiedlicher Begabung, unterschiedlicher Mentalität und unterschiedlichem Temperament benötigen. Obwohl der Industrielle den Bankier und der Bankier den Industriellen braucht, treten sie den Dingen nicht mit dem gleichen geistigen Habitus gegenüber und fällen ihr Urteil auf Grund einer anderen psychischen Haltung. Hier wird der *Kontrast zwischen den beiden Branchen* ausgeprägter, hier bestehen unsichtbare, aber deshalb nicht minder spürbare Barrieren, hier fühlen sich die Vertreter der zwei Berufszweige einander

86

oft fern. Offenbar hebt sich der Bankier als Typus von anderen Unternehmern ab. Den Gründen dieser *besonderen Bankiermentalität* und den sich daraus ergebenden Konsequenzen wurde bisher, soweit mir bekannt ist, wenig Aufmerksamkeit geschenkt. So blieb jener Bereich mangelnden oder halben Wissens und Verständnisses bestehen, in dem Misstrauen, Verdächtigungen und Argwohn so leicht gedeihen.

Warum, so lautet also die Frage, ist der Bankier anders. Will man hierauf eine Antwort finden, so erscheint als Ausgangspunkt ein *Vergleich der Bilanzstruktur* von Banken und industriellen Unternehmen nicht unzweckmässig. Denn in den nüchternen Zahlen der Buchhaltung spiegeln sich die Realitäten des Wirtschaftslebens. Bei diesem Vergleich springt zunächst der Umstand in die Augen, dass auf der Passivseite der Bilanz bei Industrieunternehmen Grundkapital und Reserven einen wichtigen, wenn nicht den dominierenden Posten bilden, während sie bei den Banken ausgesprochen zweitrangigen Charakter tragen. Bewegen sich die eigenen Mittel der schweizerischen Industrieunternehmen in der Regel zwischen einem und zwei Dritteln der Passiven, so macht die gleiche Relation bei den Kreditinstituten kaum ein Zwanzigstel aus. In der Tat würde jedes Industrieunternehmen finanziell zusammenbrechen, lange bevor seine Schuldenlast auch nur annähernd jene Höhe erreicht, die für eine Bank noch durchaus normal ist. Mit Recht sagt *Erich Achterberg:* «Während bei einem anderen Unternehmen ein Überwiegen des fremden (geborgten) Kapitals über das eigene mit dem zehn-, zwanzig- oder dreissigfachen Betrage als Zustand einer hoffnungslosen Überschuldung angesehen werden würde, so dass dieses Unternehmen in keiner Weise mehr kreditfähig wäre, ist bei einer Bank ein hohes Volumen an fremden Geldern ein Zeichen für das der Bank entgegengebrachte Vertrauen und damit die Basis für ein Florieren ihres Geschäftes.» Umgekehrt spielen auf der *Aktivseite der Bilanz* in der Industrie die festen Anlagen gewöhnlich eine zentrale Rolle; bei den Banken wird diese Position von den Ausleihungen eingenommen, während die Liegenschaften mit völlig unbedeutenden Beträgen ausgewiesen werden.

Diese Differenzen bringen wichtige Unterschiede in Aufgaben und Tätigkeit beider Branchen zum Ausdruck. Das *Ziel der industriellen Unter-*

nehmen besteht grundsätzlich in der Produktion, die erhebliche, aus langfristigen Geldern zu finanzierende Anlagen erfordert. Dabei herrscht im Prinzip die Konzentration auf ein Produkt oder auf wenige branchenverwandte Erzeugnisse vor; der Schuhindustrielle stellt lediglich Schuhe, der Maschinenindustrielle allein Maschinen her. Wesentlich anders liegen die Dinge bei den *Banken*. Sie nehmen ohne Rücksicht auf Branche oder Stand aus der gesamten Wirtschaft Gelder entgegen, die sie verzinsen und ihrerseits wieder Geldbedürftigen ohne Rücksicht auf die Branche gegen Zins ausleihen. Sie arbeiten als *Sammel- und Verteilstellen für die Ersparnisse des Volkes* und sind als solche ihren Geldgebern, das heisst den Sparern gegenüber verpflichtet, die ihnen ohne jede konkrete Zweckbestimmung anvertrauten Mittel vertragsgemäss zurückzuzahlen. Leihen sie Geld aus, so müssen sie dem *Gesichtspunkt der Sicherheit und der Fälligkeit* strikte Rechnung tragen. Mit Recht wurde zwar gesagt, dass dem Bankier, der kein Risiko übernehmen wolle, bald keine Risiken mehr angeboten werden. In gleicher Weise trifft es aber auch zu, dass der allzu unternehmerische, allzu risikowillige Bankier binnen kurzem das Vertrauen und so die Fähigkeit verlieren wird, Mittel anzuziehen und Risiken einzugehen.

Seiner Funktion nach ist der Bankier *Vermögenstreuhänder des Volkes;* mindestens in dieser Hinsicht scheint er den typischen Unternehmeraufgaben etwas entrückt, lautet doch sein Wahlspruch: «Les affaires c'est l'argent des autres.» Und wie es einem Treuhänder geziemt, wird er auch vornehmlich an seinen *menschlichen Qualitäten* gemessen. Nicht sein Produkt, sondern seine persönlichen Eigenschaften erhalten und sichern ihm den beruflichen Erfolg. In diesem Sinne wurde einmal festgestellt, in der Industrie stehe das Erzeugnis, im Bankgewerbe dagegen der Mensch im Vordergrund. Zweifellos ist die Aussage in dieser lapidaren Form übertrieben; sie lenkt aber, wie es bei den *epigrammhaften Sentenzen* oft zutrifft, den Blick auf Wesentliches. In der Tat sind Lebenswandel und Moral des Automobilproduzenten, des Schuhfabrikanten oder des Seifenherstellers dem Publikum im Grunde gleichgültig; was interessiert, ist die Qualität der Erzeugnisse, der Autos, der Schuhe, der Seifen. So kann dem Industriellen der Umstand, dass sich die Boulevardpresse unablässig mit ihm in Wort und Bild beschäftigt, als billige Propaganda erscheinen, und in einigen Wirtschaftszweigen, wie etwa der Bekleidungs- oder Kosmetikindustrie, mag das Stehen im Rampenlicht sogar branchenüblich sein. Dagegen sind beim Bankier neben der nötigen Sachkenntnis und Begabung vor allem *Eigenschaften mehr innerlicher Art* erforderlich, die, wie Ehrlichkeit, Sparsamkeit, Genauigkeit, Diskretion, Gewähr für eine gewissenhafte Vermögensverwaltung bieten. Nicht Draufgängertum und Neuerungslust, sondern *Solidität und Verlässlichkeit* empfehlen ihn und schaffen ihm das unerlässliche Vertrauen. Seine Kunden sind sehr oft auch die Aktionäre seines Instituts, während in der Industrie der Kreis der Eigentümer von jenem der Abnehmer im allgemeinen deutlich getrennt ist.

Unterschiede im Marketing

Aus diesen Grundtatsachen erklären sich einige markante Unterschiede in den Marketingproblemen der beiden Wirtschaftszweige. Der Industrielle, der seinen Produkten gegenüber Konkurrenzangeboten zum Absatz verhelfen muss, hat besonders darauf zu achten, dass seine Erzeugnisse in technischer Hinsicht, aber auch in bezug auf Form und Verpackung auf der Höhe der Zeit und der Kundenwünsche sind. Der Wandel, die Novität und der Fortschritt bilden für ihn die *zugkräftigsten Verkaufsargumente*. Wesentlich anders sieht die Problematik für den Bankier aus. Vor allem sind seine Interessen nicht nach einer Seite hin, sondern, dem Januskopfe gleich, *nach zwei Seiten gerichtet*. Einerseits sucht er Ersparnisse anzuziehen und anderseits trachtet er, diese wieder auszuleihen, wobei die Bedingungen, zu denen er ein Geschäft tätigt, jene des anderen beeinflussen. Zahlt er für seine fremden Gelder einen höheren Zins, so wird er seine Kredite teurer gewähren müssen und damit seine Möglichkeiten in dieser Geschäftssparte beschränken. Zudem besteht zwischen dem einen möglichst hohen Zins wünschenden sparenden Bankkunden und dem auf einen möglichst niedrigen Zins dringenden kreditnehmenden Kunden naturgemäss ein unauflösbarer Interessengegensatz, dem der Bankier durch eine vorsichtig dosierte, beide Gesichtspunkte wahrende Verkaufspolitik Rechnung tragen muss. In seinem Marketing kann er sich daher nicht an einem Ziel ausrichten, sondern muss einen *Ausgleich zwischen an sich gegensätzlichen Interessen* anstreben.

Dazu kommt, dass – wenn man es so nennen darf – das Produkt des Bankiers, der Kredit, an sich unbegrenzter Nachfrage begegnet und deshalb im Grunde keiner Verkaufspropaganda bedarf, während der Umfang des Ersparnisvolumens durch wirtschaftliche, soziologische und psychologische Kräfte bestimmt wird, die dem Einfluss der einzelnen Bank entzogen sind. Auch haben sich im Bankwesen, das historisch zu den ältesten Gewerben zählt, im Laufe der Jahrhunderte gewisse in der Erfahrung *erprobte Geschäftsprinzipien und Verhaltensregeln* herausgebildet. Scheinbar neue Pfade haben sich sehr oft als Irrwege erwiesen, die im Bankrott endeten und nicht nur das betreffende Institut, sondern angesichts des skizzierten Charakters der Banken häufig auch breite weitere Kreise in den Ruin führten. So erklärt sich der konservative Zug des Bankwesens. Indessen stehen auch in diesem Wirtschaftszweig die Dinge nicht still. Personalmangel und wachsende Ansprüche der Kunden zwingen ihn, in seiner Organisation die *modernsten technischen Hilfsmittel* einzusetzen und oft neue Wege zu suchen. Ohne Ideen und Initiative kann eine Bank in der Tat nicht gedeihen, zumal sie angesichts der steigenden Kosten allein von den laufenden routinemässigen Geschäften immer weniger zu leben vermag. Wie bei anderen Unternehmen wird deshalb von ihren Leitern *Phantasie, Vorstellungskraft und die Fähigkeit zum kombinatorischen Schluss* verlangt – Eigenschaften, die sich mit dem energischen Willen paaren müssen, konstruktive Ideen durchzusetzen. Aber auch hier bestehen *bestimmte Grenzen*. Bei den schmalen Margen sind das, was eine Bank fett macht, eben sehr oft die schlechten Geschäfte, die sie unterlässt.

Zwischen den Branchen

Diese Betrachtungen leiten zu *weiteren strukturellen Unterschieden zwischen Industriellem und Bankier* über, die mit den notwendigen Nuancen und Schattierungen darzustellen allerdings einige Mühe bereitet. Auszugehen ist vom grundlegenden Tatbestand, dass die Industrie im Prinzip auf die Erzeugung von Artikeln ausgerichtet ist, die ihre Gestalt im wesentlichen von der *Technik oder Mode* erhalten. Demgegenüber ruht die Tätigkeit der *Banken* auf dem vor allem *psychologisch bedingten Vertrauenselement* und erstreckt sich nicht nur auf einen, sondern praktisch auf alle Wirtschaftszweige. Darf sich der Industrielle daher auf sein Arbeitsfeld beschränken, so steht der *Bankier zwischen den Branchen*. Diese Position hat bei ihm die in der Wirtschaft sonst eher seltene Bereitschaft geprägt, aus verschiedenen Perspektiven zu sehen und entgegengesetzte Interessen auszugleichen, muss er doch in seinem Beruf mit allen seinen Geschäftspartnern auskommen und Freundschaft pflegen: mit dem Sparer so gut wie mit dem Kreditnehmer, mit den verschiedenen Industriezweigen ebenso wie mit der Landwirtschaft, mit den Kollegen, Politikern und Behörden des eigenen Landes sowie des Auslandes.

Dieser Umgang mit vielen oft widerstrebenden Interessen hat ihn tolerant, biegsam und kompromissbereit gemacht, hat ihn zum *Diplomaten des Geldes* werden lassen, der den Nutzen des «suaviter in modo, fortiter in re», den Vorteil freundlicher Umgangsformen bei aller Festigkeit im Prinzipiellen, kennt. Bei der Fülle der an ihn herangetragenen Propositionen muss er die *Gabe kritischen Unterscheidens* wie das spontane Gefühl für das Echte und Vielversprechende besitzen; dabei hat er im Einklang mit der Natur der bankmässigen Finanzierungen, die oft weit in die Zukunft reichende Entwicklungen beeinflussen, seine Entscheide mit dem Willen zu einem wirtschaftlichen Erfolg zu treffen, der sich nicht nur für einen kurzen Augenblick, sondern *auf lange Sicht bewährt*. Wenn sein Bild in der Öffentlichkeit trotzdem gegenüber dem Industriellen meist eine geringere Profilierung aufweist, so vor allem infolge der Treuhandfunktion des Bankiers und der von ihm erwarteten Diskretion.

An unternehmerischem Glanz steht er deshalb meist zurück. Aber sein Beruf weist auch Vorteile auf, welche der Industrie abgehen.

Hansdampfe in allen Gassen?

Zu diesen Vorteilen zählt nicht zuletzt der *vielfältige Kontakt,* den er in seiner Arbeit zu mannigfachen Wirtschafts- und Personenkreisen herstellen kann. Der so gewonnene umfassende Überblick und die Einsicht in die wirtschaftlichen und politischen Zusammenhänge, die Mannigfaltigkeit der Probleme und der immer wieder erneuerte *Ansporn zum imaginativen Denken* gehören zu den grossen Reizen des zu Unrecht oft als öde verschrieenen Bankierberufes. Gewiss ist die technische Routine auch in unserer Branche nicht sehr anziehend. Aber gerade diese Sparten sind bereits weitgehend automatisiert, so dass unsere Mitarbeiter in ihrer überwiegenden Mehrzahl heute an der abwechslungsreichen Front der Geschäfte eingesetzt werden. Um an ihr zu reüssieren, bedarf es allerdings besonderer Gaben und Kenntnisse. Neben den bereits erwähnten moralischen Eigenschaften und einem umfangreichen banktechnischen Wissen muss der Bankier auch einen tiefen Einblick in die gesamtwirtschaftlichen Zusammenhänge, die Situation der Währungen, die Aussichten aller Branchen und Unternehmen besitzen.

So mag der Aussenstehende nicht selten den Eindruck gewinnen, die Banken würden, Hansdampfen in allen Gassen gleich, ihre Nase in Angelegenheiten stecken, die sie nichts angingen. Das zu tun liegt ihnen fern. Gegenüber dem Publikum, dessen Ersparnisse sie anlegen, erwächst ihnen aber die *Verantwortung, zu prüfen,* ob die Firmen und Wirtschaftszweige, denen sie sich zur Verfügung stellen, gesund sind und bei den sich laufend und manchmal sogar sprunghaft ändernden Wettbewerbsverhältnissen auch bleiben. Bei der Auswahl der Finanzierungsprojekte stellen sie nach Tunlichkeit allerdings nicht allein auf ihr eigenes Urteil ab, sondern suchen die *fachmännische Ansicht Branchenkundiger* zu gewinnen. Nicht zuletzt zu diesem Zweck rufen sie in ihre Verwaltungsräte Vertreter praktisch aller Wirtschaftszweige, wie umgekehrt der Bankier die-

92

se Funktion sehr oft in der Industrie versieht. In diesen Gremien gewinnen Bankiers und Industrielle *gemeinsame Erfahrungen*. Von dieser Warte aus wird auch der Irrtum jener ersichtlich, die auf dem Wege des Abzählens von Verwaltungsratsmandaten glauben, sich ein Bild über die wirtschaftlichen Machtverhältnisse machen zu können. In Wahrheit sagen diese Repräsentanzen über kapitalmässige Verflechtungen viel weniger aus als über die fachlichen Qualitäten jener Personen, die unsere grossen Gesellschaften immer wieder in ihre leitenden Gremien berufen.

Vom nationalen Charakter des Bankierberufes

Dass sich die mannigfachen wirtschaftlichen, finanziellen und personellen Kenntnisse, die der Bankier neben dem Fachwissen benötigt, bei der beschränkten Aufnahmefähigkeit des menschlichen Verstandes nur für einen regional begrenzten Raum erwerben lassen, liegt auf der Hand; dies um so mehr, als sich diese Kenntnisse angesichts der Unterschiede in Nationalcharakter, Geschäftsgewohnheiten, Sprache und Recht der Völker nicht ohne weiteres von einem Land auf die anderen übertragen lassen. So ist der Bankier in seinem Beruf an sich *stark national gebunden*. Das mag für manche, die von den internationalen Financiers und ihren heimatlosen Geschäften hörten, erstaunlich klingen. Aber auch hier haben die vorgefassten Meinungen mit der Wirklichkeit kaum etwas zu tun. Jedenfalls fällt dem Bankier die Expansion über die Grenzen im Prinzip *schwerer als der Industrie,* deren Fabrikationstechniken sich überall grundsätzlich in der gleichen Weise anwenden lassen. Es ist denn auch zweifellos kein Zufall, dass es in unserem Land gerade die Industrie war, die in fremden Staaten zahlreiche bedeutende Tochterbetriebe errichtete, während die Auslandsniederlassungen der Banken recht bedeutungslos blieben. Ähnlich liegen die Verhältnisse übrigens auch in den meisten anderen Staaten. Gewiss betreiben die Banken ebenfalls ein bedeutendes internationales Geschäft, und die schweizerischen Institute haben sich ja in dieser Hinsicht einen angesehenen Namen geschaffen. Indessen erfolgen die Kontakte mit den fremden Märkten hier normalerweise im Rahmen des sogenannten *Korrespondentensystems* über befreundete Banken, die sich die das Domizilland des Partners betreffenden Aufträge zur Erledigung zuweisen und gegenseitig Guthaben unterhalten. Diesem auch im Ausland bisher allgemein praktizierten System sind neuerdings bekanntlich die amerikanischen Banken untreu geworden, die unter dem Slogan «*multinational banking*» in Europa eigene Filialen zu errichten beginnen. In diesem Wandel werden sich auch die europäischen Bankiers die Frage vorlegen müssen, ob die fortschreitende wirtschaftliche Integration Europas nicht auch nach neuen bankmässigen Betriebsformen ruft und allenfalls einen *verstärkten Ausbau der Organisation über die Landesgrenzen* hinaus notwendig macht, sei es auf dem Wege der Errichtung von Niederlassungen, sei es durch den Erwerb von Beteiligungen oder durch eine intensivere Zusammenarbeit mit befreundeten Instituten in anderen Ländern.

… und seiner internationalen Orientierung

Durch seine Tätigkeit zwar schicksalhaft mit der heimischen Volkswirtschaft verbunden, muss der Bankier dennoch seinen Blick stets über die Landesgrenzen richten. Wohl lässt sich von der Industrie ähnliches sagen, zumal in einem Land wie der Schweiz, deren Auslandsabhängigkeit einen Sinn für weltoffene Lösungen in Wirtschaft und Politik für alle Kreise unerlässlich macht. Aber im Charakter der internationalen Ausrichtung lassen sich zwischen Industrie und Banken einige Unterschiede feststellen. Vor allem ist der Bankier in seinem Glauben an die Vorzüge einer liberalen Wirtschaftspolitik im ganzen eher kompromissloser als der Industrielle. Der Grund dafür liegt - was oft missverstanden wird - keineswegs im engen Eigeninteresse seiner Branche, sondern darin, dass er weiss, dass die Banken auf die Dauer nur im Schosse einer gesunden, international konkurrenzfähigen Wirtschaft gedeihen können. Zwar hat der Bankier durchaus Verständnis dafür, dass einzelne Wirtschaftszweige aus dem einen oder anderen Grund besonderen Schutzes bedürfen. Aber er legt Wert darauf, dass die Öffentlichkeit die Kosten dieses Schutzes kennt und sich der natürlichen Grenzen bewusst ist, die solchen Massnahmen vor allem in der so weltmarktabhängigen Schweiz gesetzt sind.

Allen anderen voran steht er aber auch an *der Währungsfront,* und sein Geschäft kann auf die Dauer nur erfolgreich sein, wenn er sich dieser Verantwortung bewusst bleibt und eine Kredit-, Emissions- und Placierungspolitik betreibt, welche die gesunden Kräfte wie das Gleichgewicht der Volkswirtschaft fördert. So ist der Bankier mit einer besonders grossen Verantwortung nicht nur gegenüber seinen Kunden, sondern auch der Gesamtwirtschaft gegenüber belastet. Es ist denn auch *keineswegs Arroganz oder Anmassung,* sondern entspringt einem Gefühl echter volkswirtschaftlicher Mitverantwortung, wenn das Bankgewerbe in seinen Eingaben und Berichten so häufig die Formel vom «wohlverstandenen Gesamtinteresse» verwendet.

Bankier und Wirtschaftspolitik

Auf dem Boden dieses Verantwortungsgefühls ruht letzten Endes auch die Stellung der Banken im Kräftespiel der Wirtschaftspolitik. Auf der einen Seite sind sie private Unternehmen, die untereinander im Wettbewerb stehen. Auf der anderen gehören sie zu den wichtigsten Trägern des Geldwesens, deren Tätigkeit für das Wohl der Nation von erheblicher Tragweite ist. Ungesunde Praktiken schaden hier nicht allein dem einzelnen Unternehmen, sondern ziehen weite Kreise und vermögen infolge der Erschütterung der für die moderne Geldwirtschaft unerlässlichen Vertrauensbasis ganze Nationen, ja, wie die dreissiger Jahre zeigten, die ganze Welt in Not und Elend zu stürzen. Darum hat sich der Staat seit langem in allen Ländern der Aktivität der Banken angenommen und ihre Tätigkeit einer mehr oder minder *straffen Ordnung* unterworfen. In der Schweiz geschah dies durch das Bankengesetz von 1934 und das mehrmals revidierte Notenbankgesetz.

Es ist hier nicht der Ort, auf die mannigfachen Aspekte dieses Fragenkreises im einzelnen einzutreten. Eine kurze Bemerkung *ordnungspolitischer Natur* erscheint jedoch am Platze. Wenn das Bankgewerbe auch kein Wirtschaftszweig ist, der wie andere ohne weiteres dem regulieren-den Mechanismus der freien Marktwirtschaft allein überlassen werden könnte, so ist doch nicht zu vergessen, dass das Kreditwesen eine Zentral-stelle im Nervensystem der modernen Wirtschaft bildet und der dauern-de Zugriff des Staates in diesem Bereich für das ganze Land die *Gefahr ei-nes verstärkten Dirigismus* heraufbeschwört. Darum gilt es gerade hier, sorgfältig darauf zu achten, dass sich die den Behörden allenfalls neu ein-zuräumenden Befugnisse innerhalb des Rahmens *marktkonformer In-terventionen,* also von Eingriffen halten, die lediglich über eine Beein-flussung der Arbeitsbedingungen der Banken geldpolitisch zu wirken su-chen. Dagegen drohen Kompetenzen zu *direkten Eingriffen* in die Kre-ditgewährung und Emissionspolitik Tür und Tor für *kapitallenkende Massnahmen* der öffentlichen Hand zu öffnen, die den Grundregeln ei-ner freien Wirtschaft widersprechen. Zudem ist wissenschaftlich unge-klärt, wie diese Interventionen zu dosieren sind, um einen betimmten konjunkturellen Zweck zu erreichen und unerwünschte konkurrenzver-fälschende Nebenwirkungen zu vermeiden. Nicht umsonst weist eine be-rühmte Stelle des *kommunistischen Manifests* auf die Möglichkeit hin, über eine zentrale, verstaatlichte Notenbank mit entsprechenden Macht-befugnissen die gesamte Wirtschaft in den Griff zu bekommen. Der iro-nische Ausspruch Keynes', dass die Welt ihre Wirtschaftspolitik ge-wöhnlich nach den Theorien eines längst verstorbenen Nationalökono-men gestalte, gewinnt in diesem Licht einen bedrückenden Aspekt.

Fazit

So tauchen hinter den Differenzen immer wieder auch die breiten, *ge-meinsamen Grundlagen der Tätigkeit der beiden Berufe* auf. Bankier und Industrieller sind, wenn auch in recht verschiedener Art, *Unterneh-mer,* die ihre Firma nach den Lebensgesetzen ihrer Branche erhalten, ent-wickeln und der nächsten Führungsschicht möglichst in besserer Verfas-sung übergeben wollen, als sie ihnen in die Hand gegeben worden war. Beide Branchen sind letzten Endes in einer engen Schicksalsgemeinschaft miteinander verbunden; sie sind ihrer Natur nach keine Gegner, sondern Partner. Werden die Entfaltungsmöglichkeiten des einen ungebührlich beengt, so bekommt das bald auch der andere zu spüren, und beide werden ohne eine freiheitliche Wirtschaftsordnung, die auch ein unerlässliches Element unseres demokratischen Bundesstaates bildet, auf die Dauer nicht florieren können.

Dr. Eberhard Reinhardt

Am 8. November 1978 wäre Dr. Eberhard Reinhardt 70 Jahre alt geworden. Wir wollten ihn bei diesem Anlass herzlich feiern. Leider ist er unerwartet am 10. Oktober 1977 verstorben. Mit ihm hat die Schweizerische Kreditanstalt eine ihrer grossen Persönlichkeiten verloren. Der schweizerischen Wirtschaft wurde ein Bankier von internationalem Rang entrissen.

Eberhard Reinhardt wurde 1908 als Pfarrerssohn in Frauenfeld geboren. Er durchlief die Schulen in Zürich. Hier schloss er seine Studien, kaum 22 Jahre alt, mit dem Doktor der Rechte ab. Nach kurzer Praxis in einem Anwaltsbüro trat er 1935 in das Eidgenössische Finanzdepartement ein. Als Direktor der Finanzverwaltung avancierte er bald in eine Spitzenfunktion des Departementes. Aufgrund seiner Erfolge in diesem verantwortungsvollen Amt wurde er 1948 von der Schweizerischen Kreditanstalt in deren Generaldirektion berufen. Hier betreute er vor allem das internationale Geschäft. Von 1963 bis 1973 hat er die Generaldirektion präsidiert. Auch nach seinem Rücktritt aus der Geschäftsleitung und seiner Wahl in den Verwaltungsrat konnte die Kreditanstalt in guten wie in schwierigen Zeiten auf seinen Rat und seinen uneingeschränkten Einsatz zählen.

Seine eindrucksvolle Laufbahn verdankte Eberhard Reinhardt seinen intellektuellen und menschlichen Gaben. Neben seiner lebhaften Intelligenz und seinem breiten Wissen zeichneten ihn grosser persönlicher Charme, echte Kontaktfreude und eine weltmännische Art aus. Sie hat alle, Kunden, Kollegen, Mitarbeiter und Freunde, In- und Ausländer, in Bann geschlagen. Seine umfassende Bildung, seine Formulierungskraft und sein Sinn für Mass und Mitte kamen auch in seinen zahlreichen Vorträgen und Schriften zum Ausdruck. Eine Auswahl davon ist in diesem Bande gesammelt. Als überzeugter Liberaler trat er stets für freiheitliche Grundsätze und eine unabhängige Wirtschaft ein. Der Name Reinhardt war im In- und Ausland ein Begriff.

Nicht nur die Schweizerische Kreditanstalt hat reichen Nutzen aus den Talenten von Dr. Reinhardt gezogen. So wurde er 1948 vom Bundesrat während der Blockade von Berlin als Experte des Sicherheitsrates ernannt. In den fünfziger Jahren wurde er in den Gemischten Ausschuss zur Regelung von aus Krieg und Besetzung entstandenen Fragen in der Bundesrepublik delegiert. Ferner war er u.a. Mitglied des Geschäftsleitenden Ausschusses des Zentralverbandes Schweizerischer Arbeitgeberorganisationen, Vizepräsident der Schweizerischen Bankiervereinigung, Präsident der dem Schutz privater Auslandanlagen dienenden APPI und Mitglied des von den führenden Bankiers Europas getragenen Institut International d'Etudes Bancaires. Zahlreichen in- und ausländischen Gesellschaften diente er, oft als Präsident oder Vizepräsident, im Verwaltungsrat. Dank seiner Vertrautheit mit Wissenschaft und Kultur beriefen ihn manche wissenschaftliche und kulturelle Organisationen in den Vorstand. Die Universität Zürich hat ihn zu ihrem Ständigen Ehrengast ernannt.

Im Schosse einer glücklichen Familie fand Eberhard Reinhardt Erholung und Entspannung. Wer aus seinem breiten Freundeskreis erinnert sich nicht der angenehmen Stunden in seinem schönen Heim, Stunden, die der Gastgeber mit seiner sprühenden Vitalität, seinem Witz und seinem breiten geistigen Horizont stets anregend und heiter gestaltete. Eine Persönlichkeit grossen Formats ist von uns gegangen. Die Schweizerische Kreditanstalt hat einen Mann verloren, dem sie vieles verdankt. Seine Freunde, Kollegen und Mitarbeiter, die ganze Kreditanstalt-Familie trauern um ihn. Sie werden ihm stets ein dankbares Andenken bewahren.

Oswald Aeppli